# 心一堂術數古籍珍本叢刊

書名：增補高島易斷（原版）附虛白廬藏日本古易占五種（五）
系列：心一堂術數古籍珍本叢刊　占筮類　第三輯　247
作者：【日本】高島吞象 等、【清】王治本中譯
主編、責任編輯：陳劍聰
心一堂術數古籍珍本叢刊編校小組：陳劍聰　素聞　鄒偉才　虛白盧主　丁鑫華

出版：心一堂有限公司
通訊地址：香港九龍旺角彌敦道六一〇號荷李活商業中心十八樓〇五－〇六室
深港讀者服務中心·中國深圳市羅湖區立新路六號羅湖商業大厦負一層〇〇八室
電話號碼：(852)9027-7110
網址：publish.sunyata.cc
電郵：sunyatabook@gmail.com
網店：http://book.sunyata.cc
淘寶店地址：https://sunyata.taobao.com
微店地址：https://weidian.com/s/1212826297
臉書：https://www.facebook.com/sunyatabook
讀者論壇：http://bbs.sunyata.cc/

版次：二零二一年五月初版
平裝：八冊不分售

定價：港幣　一仟六百八十元正
　　　新台幣　六仟九百八十元正

國際書號：ISBN 978-988-8583-91-1



香港發行：香港聯合書刊物流有限公司
地址：香港新界荃灣德士古道二二〇－二四八號荃灣工業中心十六樓
電話號碼：(852)2150-2100
傳真號碼：(852)2407-3062
電郵：info@suplogistics.com.hk
網址：http://www.suplogistics.com.hk

台灣發行：秀威資訊科技股份有限公司
地址：台灣台北市內湖區瑞光路七十六巷六十五號一樓
電話號碼：+886-2-2796-3638
傳真號碼：+886-2-2796-1377
網絡書店：www.bodbooks.com.tw
台灣秀威書店讀者服務中心：
地址：台灣台北市中山區松江路二〇九號一樓
電話號碼：+886-2-2518-0207
傳真號碼：+886-2-2518-0778
網絡書店：http://www.govbooks.com.tw

中國大陸發行　零售：深圳心一堂文化傳播有限公司
深圳地址：深圳市羅湖區立新路六號羅湖商業大厦負一層〇〇八室
電話號碼：(86)0755-82224934

心一堂微店二維碼

心一堂淘寶店二維碼

文政紀元新刻

# 五行易指南



數學書院藏版

# 理氣鄙言序

夫黑白之為色。雖無知之童。能識其名。而辯其實。不待引喻取譬也。若舉其名。而眩其實者。其必瞽者乎。古之時。性命之說。人能識其名。而辯其實。今也。舉其名。而眩其實者。猶瞽者之於黑白也。蓋論性命之說。理氣二字。最為要樞。而近時含經味道之士。徒恢張其言。博誕其辯。曾無覈其要樞者。由於不識幽微之理。寓於淺末之間。鳶飛魚躍。俯仰皆是也。斯其人雖目光烱烱。躲人與未見顏色而言者。何殊其名。予嘗論理氣之說。錄成一冊。以其言鄙俚。名曰理氣鄙言。顧予素昏庸。於性命之微。未能若辨黑白之判然。是予亦不免為聾也。乃欲喋喋以喻世之聾者。則具眼者視之其謂之何。雖然。予既自聾乃為世之聾者謀。固其所也。夫何恤具眼者之訾。又況具眼者。視予徒憫之而已。不必訾也。遂公之于世云。

文化甲子春正月。

仙臺　櫻田質識

# 五行易指南序

夫卜筮之道。本乎易。而易在宇宙。變通无窮。蓋日月代明。四序遞推。天地之易也。奇偶斯畫。剛柔呈象。伏羲之易也。立象繫辭。明辨失得。

文王周公之易也。範圍曲成。幽明兼通。孔氏之易也。易閱三古。歷四聖。而其道大備。莫以加焉。去古漸遠。易之道歧為兩途。儒者推其義。以宏皇道。術士衍其數。以濟民用。亦皆三古四聖之遺。而天地之易也。降及晚季。風淺俗醨。憂虞紛錯。悔吝多緒。是以後之衍其數者。配六甲。立五類。然後能通志斷疑。受命如響。無占不驗。蓋陰陽劃判。五氣斯行。是故天地之數至十而極矣。伏羲則其象大禹敘其義。圖書之文。書傳之說固已昭昭。舊歷五紀者。陰陽之分也。陰陽者。五行之合也。易不外乎陰陽。豈能外乎五行哉。是所以五其兩。析其合。變通而无窮也。唯其出處之古。而不迷於四聖。是以儒者或疑焉不經也。如予愚亦嘗潛心于四聖之易。既推其義。又衍其數。而窮鄙後世之左從焉。比年講誦之餘。旁試其術。深服其妙。於是始知卜筮之法。兼推五行。尤切民用。雖多出於後世。而不悖古聖。固亦天地之易也。然今世傳其法者。專任其數而不明其義。

獨逐其末。而終遺其本。是亦
大異於古之術士矣。宜為儒
者所議也。予是以不自揆。竊
取五行之占法。參以四聖之
遺意。錄成十卷。名曰五行易
指南。顧小道末技。術士之所

四

尚班君子之所重也。然抱德
自隱。無籠於市中者。有
取于斯書。則既足以能濟
民困。又可以免不經之請
也。
文化丙子春正月

乕門鼓岳子書於
數學書院

五

# 五行易指南目次


卷一

五行易ノ説　卜筮誠敬ヲ本トスル説

八不筮ノ説　五行易ノ法

八卦ヲ五行ニ分属ス　六十四卦ヲ五行ニ分属ス

卦ヲ求ル法　納甲ノ説

十干ヲ五行ニ属ス　十二支ヲ五行ニ属ス

五行八卦十干十二支方位ノ圖

五行生剋　干合

支合　六冲

六十四卦納甲飛伏世應卦身圖

卷二

世應　卦身

六親ノ説　六親所屬

用神　原神忌神仇神

父母ノ占用　官鬼ノ占用

妻財ノ占用　子孫ノ占用

兄弟ノ占用　旺相休囚

旬空　月破

歳建并歳破　進神退神

反吟　伏吟

三合會局　十二運
長生墓絕法　三刑
諸星　六神并占用
用神多現　用神伏藏
用神出不出　游魂皈魂
本宮顕伏　獨靜獨発
盡靜盡発　安靜亂動
回頭生克　暗動并絆住
合起并冲起　全動并實
絶處逢生并克處逢生　合冲帶克并合中帶刑
冲處逢合并合處逢冲　貪生忘克并貪合忘冲

物来尋我并我去尋物　原德扶人
去煞留恩并留煞害命　泄氣
併不併并冲不冲　助鬼傷身
隨官入墓　避山并避空
斡化　陰陽交重
卦象爻象
卷三
六十四卦大意
卷四
天象　時令
身命　婚姻

胎產
卷五
養人　家宅
種作　蠶桑
六畜
卷六
求師　授徒
仕官　求財
出行　待人
舟船
卷七

病症　痘疹
病體　醫藥
詞訟
卷八
失物　逃亾
避害　總類
卷九
占驗釋義
卷十
新增占驗釋義
五行易指南目次終

五行易指南巻之一

虎門　皷缶子　述



五行易ノ說

凡周易ハ陰陽両端ノ動靜進退ヲ以テ吉凶消長ヲ決ス莊子所謂易以道陰陽ト是ナリ天地ノ間陰陽二氣ニ外ナルナシ此伏羲陰陽奇偶ノ二畫ヲアラハシテ民ニ吉凶ヲ示シ玉フ所以ナリソノ三畫ニシテ八卦トナリ六畫ニシテ六十四卦三百八十四爻トナルモノミナ陰陽奇偶ノ変易交易スルモノニシテ天下ノ事萬変ノ多キニ至ルトイヘモコトヾク此中ニ圕ス文王周公ノ演べ玉ヘル象モミナコレヲ詳ニセルモノナリ陰陽ハ象ナリ周易ハ象ヲ以テ義ヲ明スモノナリ

故ニ朱子本義ヲ著シテ易ヲ主トシテ象ヲ論シ此一義ニ至リテ獨程子ノ說ニ據ラズコレ千古ノ達見ニテ誠ニ伏羲文王周公ノ本意ヲ得玉フヿ諸儒ノ論スル所ニシテ予カ愚ノ如キ者ノ說ヲ待タズ今コノ五行易ハ五行ノ生克制化ニヨリテ吉凶存亡ノ萬変ヲ窮ム陰陽動靜シテ五行トナリ萬物ヲ造化スルユヘ天地ノ間一物一事トシテ五行ニ外ナルヿナシ故ニソノ理ヲ以テコレヲ推シ驗ルニ亦往トシテコレニ合ハサルヿナシコレ周易ノ象ヲ主トスルト全ク同義ニシテ異說アルニハアラス但五行ハ陰陽ノ細分ナルユヘ專ラ陰陽兩端ヲ以テ驗ル者ニ比スレハ更ニ精密ニシテ的切ナルヿアリコレ五行易ノ鄙事ニ切近ニシテ時日ヲ断スル

二一日ヲ差ヘス成敗ヲ論スルニ一毫ヲ違ヘサル所以ナリ假令ハ一歳ノ間ヲ占フニ周易ヲ以テスル寸ハツノ春ニ應シ夏ニ應スルヲ明辨ストイヘ𪜈フノ春ト云モノ二月ニアルト三月ニアルトヲ辨シ夏ト云モノ四月ニアルト五月ニアルトヲ別ツヿハ初学ニアリテ容易ナラス五行易ニ至リテハ初学トイヘ𪜈恕ヨクコレヲ明断ス他事萬端ミナ此類ナリ予弱冠ヨリ周易ヲ講論シ因テ卜筮ノ説ヲ討窮スルニ和漢ノ諸易家ミナ象ニ疎ニシテ義ニ密ニ朱子ノ本義象ヲ主トスルノ説ニ従フモノトイヘ𪜈フノ實程氏傳ヲ用ルニ異ナラス近世頗ル象ニ詳ナル者アリトイヘ𪜈其学淵源ナク全体大義ニ昧キユヘ妄ニ本義ヲ觝排シ亦却テ大ニ三聖

ノ旨ヲ失フ故ニ予周易諸儒ノ説ニ於テ皆コレヲ擇ヒテソノ一二ヲ撥フノミニシテ全ク適従スル者ナシタヾ康熙帝ノ説全ク用ルニ足レリ然レモソノ間亦少ク憾ムヘキ所アルヲ免レズ五行易ニ至リテハ文王周公ノ演ヘ玉ハザル所諸儒ノ講セザル所ニシテ取ニ足ラザル者ニ似タリ予不肖亦嘗テソノ説ヲ鄙ミ棄テ顧リミスシカルニ數年以来人ノ断易易冒等ノ法ニヨリテ占フ者萬事ヲ占フテ断スルヿ明ニ且委曲ナルヲ見テ試ニソノ説ヲ推窮ルニ驗ヲ得ルヿ亦多シ既ニシテ近時舶載スル王西山ガ卜筮正宗ノ書ヲ讀ムニソノ法断易易冒等ニ比スレハ更ニ精微ニシテ論説ミナ當ヲ失ハズコレヲ試ルニ悉ク的セサルヿナシ於是始メテ

ツノ鄙ニ棄ツヘカラザルコトヲ悟リソノ法ノ綱要五行ヲ主トスルヲ以テ新ニ五行易ト名ツケテ周易ノ占法ニ分ツ蓋周易ハ陰陽消長ヲ主トシテコノ易ハ五行生克ヲ重ンスルユヘナリ夫陰陽動静シテ五行ヲ生シ五行変化シテ萬物ヲ造化スルトキハ陰陽ニツヒテ觀ルモトヨリ可ナリ五行ニツヒテ考ルモ亦豈不可ナランヤ尚書洪範ニ五行ヲ以テ吉凶ヲ推スノ説アリ今コノ易ハ洪範ノ意ヲ以テ周易ニ参ヘタルノ義アリソノ説頗長キユヘコヽニ詳ニセストイヘトモコノ大略ヲシラハコノ法文王周公ノ演ベ玉ハザル所諸儒ノ講セザル所トイヘトモ决シテ棄ツベカラサルノ理アリ况ヤ民用ニ切近ニシテソノ験アルコト百ニ一ヲ失ハサルヲヤシ

カル寸ハ五行易ノ名号ノ所創トイヘ𪜈ソノ實既ニ五行ニ
外ナラサレハ豈コレヲ誣ト云ヘケンヤ

### 卜筮誠敬ヲ主トスル說

凡人ノ為ニ卜筮スル者ハソノ要来リヲ占フ者ノ心ノ誠敬
ヲ以テ第一トス世ノ卜筮ヲ事トスル者多クハ四民ノ業ヲ
失フ者ニシテ商賈ヲ事トセント欲スルニ資ニ乏ク農工ヲ
務メント欲スルニ労ニ耐ヘサルヨリ聊卜筮ヲ学ヒ愚民ヲ
誘キ安坐シテ利ヲ射ルノ計トス故ニ唯錢財ヲ貪ルヿヲ主
トシテソノ来リ占フ者ノ誠ナルト不誠トヲ論スルニ暇ア
ラス此卜筮ノ的セサルヿ多キ所以ナリ又一種ノ人アリ衣
食ノ慮ナクシテ錢財ヲ獲ルノ意ナシトイヘ𪜈コレヲ以テ

恩ヲ市リ智ヲ衒ヒ人ニ貴ビ重ンセラルヽヿヲ悦フ故ニ来
リ占フ者銭財ノ費ナキヲ以テ軽シク来リ託シ甚フシテハ
其術ヲ試ミ或ハ戯笑ノ資トナシ更ニ誠敬ノ意ナキモノア
リコレ又的スルヿヲ得難シ凢卜筮シテ鬼神ノ告ヲ得ルハ
祭祀祈禱シテ鬼神ノ来格保佑ヲ得ルト同シ義ニテ専ラ誠
心ヲ以テ要トス至誠之道可以前知ノ故ナリ近世唐山ノ王
西山卜筮正宗ノ書ヲ著シソノ第一巻ニ首トメ此義ヲ論シ
以テ當時ヲ戒ム予ソノ遺意ヲ承ケテ亦當今ノ弊ヲ救ヒト
筮ヲ業トスル者ノ警トス卜筮ノ祭祀ト一理ニシテ只誠ヲ
以テ感スル所以ノ者ニ至リテハ浅俗ノ遽ニ暁リ難キ所ナ
リモシソノ義ヲ精クセントナラハ宋朝諸儒ノコレヲ論ス

ル者ヲ精窮セハ漸クソノ旨ヲ得ヘシ吾邦尚齋三宅翁ノ著セル祭祀来格説ノ如キモ絶テト筮ノ説ニ及ハストイヘトモ亦其助トナスニヨロシ

八不筮ノ説

凡ト筮ハ人ノ智慮ノ及ハスシテ決シ難キ事アルヲ鬼神ニ請フテ来来ヲ知ルノ法ナレハ必シモ誠ナラサル心アルカ又ハ必シモ理ニ違フアレハ卦ヲ得ルトイヘトモ験アルフナシ故ニ今八不筮ノ法ヲ立テ、学者ノ禁防トナス猶醫家ニ六不治ノ説アルト同シソノ法一ニハ姦盗邪淫不忠不孝ノ事ハ占フトイヘトモ験ナシ是ソノ事皆天ノニクミ玉フ所ニシテ鬼神ノユルシテ告ケサルユヘナリ易君子ノタメニ謀リ小人ノタメニ謀ラズト云コレナリ二ニハ其事ヲ隠シテ占フ寸ハ験ナシ故ニ来リテ託スル人アリト雖𪜈密事ニシテ語ルヿヲ得ザル寸ハ占フヘカラス是筮者誠ヲ盡シ理ヲ詳ニスルヿナリ難キ故ナリ三ニハ人ノ為ニ占フ者ソノ来リテ占フ者ノ心ヲヨク体察セザレハ験ナシ是筮者ハソノ人ニ代リソノ事ヲ任シテソノ及ハザル所ヲ鬼神ニ謀ル者ナルカ故ニ人ノ為ニ書翰口占ヲ達シテソノ荅ヲ承ケテ通スルカ如キト同シカラザルユヘナリ四ニハ一卦ヲ以テ數事ヲ兼子占フ寸ハ験ナシ是ソノ事專一ナラサルユヘニ易數ノ及ハサル所アル故ナリ五ニハ一事ヲ再ヒ占フ寸ハ験ナシ是一タヒ鬼神ノ告ル所ヲ厚ク信セズシテシハ〱瀆

スヿ妻妾奴僕ト事ヲ議スルカ如ク誠心至ラザル所アルユヘナリ再三スレハ則瀆ス瀆セハ則告ケズト云コレナリ六ニハ事ノ便宜ニマカセツイデトテ占フ寸ハ驗ナシ是誠敬至ラサル故鬼神告ケサルナリ七ニハ人ノ為ニ占フ者ツノ事ツノ人ツノ物等ヲ詳ニ說キ明メサルハ驗ナシ是用神的當シ難ク又理ヲ察スルニ盡キサル所アルユヘナリ八ニハ人ノ為ニ占フニツノ託スル者詞ニアラワシテ述ル所ツノ心ニ含ム所ト符合セサルヿアルハ驗ナシ是ツノ事ヲ隱シテ占フノ驗ナキト一理ナリ凡此八件ノ失ナクシテ誠ヲ盡シ法ニヨリテ占フ寸ハ百年ノ久シキ萬里ノ遠キトイヘ圧既ニ卦ヲ得レハミナ坐ナカラ知ルヘキヿ疑ナシモシ如[illegible]

ニシテ験ナキモノハ皆筮者ノ不明ニヨルヿニシテ鬼神ノ人ヲ欺クニアラヌ筮法ノ及ハサル所アルニアラス

## 五行易ノ法

凡五行易ノ法ハ八卦六十四卦ヲ以テ五行ニ分屬シ納甲飛伏世應六親ナトヲ配シテ事アリテ占フ時既ニ卦ヲ得レハソノ占フ時ノ年月日ノ十干十二支トヲ相照シテソノ生剋ニ虛實ヲ以テ吉凶ヲ斷スルナリ

八卦ヲ五行ニ分屬ス

☰ 乾

☱ 兌

（金）

☲ 離

（火）

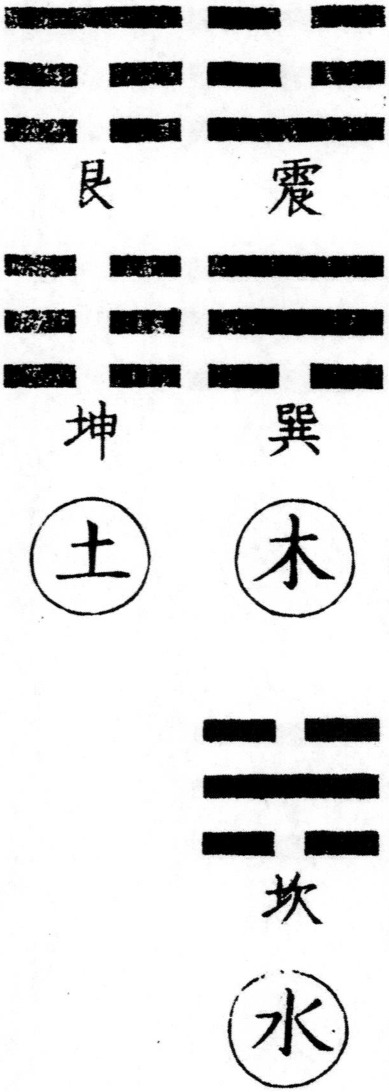


六十四卦ヲ五行ニ分屬ス

コレヲ乾宮ノ八卦ト云皆金ニ屬ス

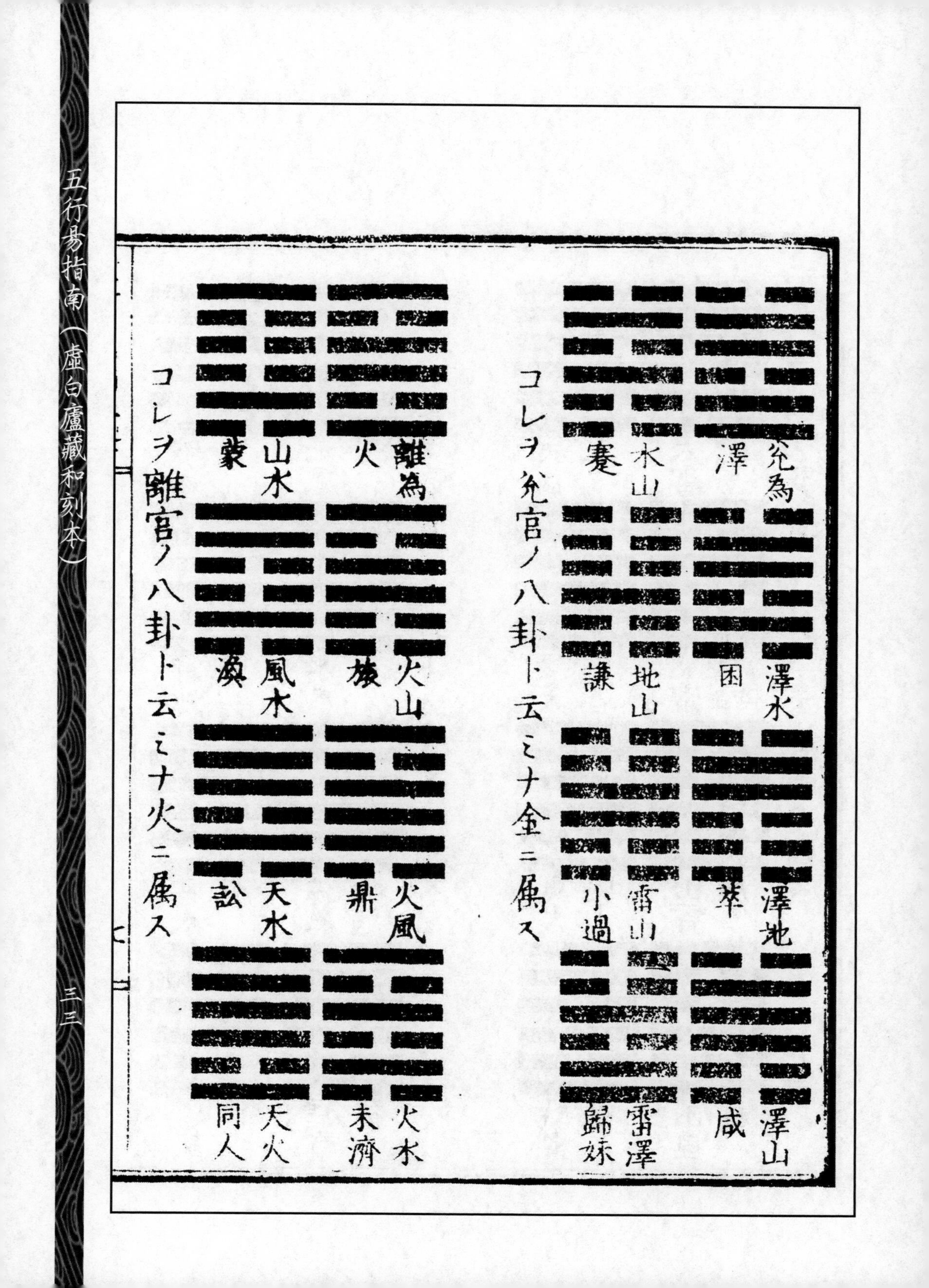

兌為澤

澤水困

澤地萃

澤山咸

水山蹇

地山謙

雷山小過

雷澤歸妹

コレヲ兌宮ノ八卦ト云ヒテ金ニ屬ス

離為火

火山旅

火風鼎

火水未濟

山水蒙

風水渙

天水訟

天火同人

コレヲ離宮ノ八卦ト云ヒテ火ニ屬ス

震為雷　雷地豫　雷水解　雷風恒

地風升　水風井　澤風大過　澤雷隨

コレヲ震宮ノ八卦ト云皆木ニ屬ス

巽為風　風天小畜　風火家人　風雷益

天雷无妄　火雷噬嗑　山雷頤　山風蠱

コレヲ巽宮ノ八卦ト云皆木ニ屬ス

䷜ 坎為水　䷻ 水澤節　䷂ 水雷屯　䷾ 水火既濟

䷰ 澤火革　䷶ 雷火豐　䷣ 地火明夷　䷆ 地水師

コレヲ坎宮ノ八卦ト云皆水ニ屬ス

䷳ 艮為山　䷕ 山火賁　䷙ 山天大畜　䷨ 山澤損

䷥ 火澤睽　䷉ 天澤履　䷼ 風澤中孚　䷴ 風山漸

コレヲ艮宮ノ八卦ト云皆土ニ屬ス

コレヲ坤宫ノ八卦ト云皆土ニ属ス

## 卦ヲ求ル法

凡卦ヲ求ルノ法ハ五十策ノ蓍ヲ揲ヘ三タビニシテ一爻ヲ得十八タビニシテ六爻成就シテ六十四卦ノ一卦ヲ得ルナリコレヲ十八変ト云ソノ詳ナルコハ易学啓蒙明蓍策ノ篇ニミヘタリ漢ノ京房ニ至リテ銭三文ヲ三変ノ象トシ六タ

ビコレヲ擲ケテ十八変ノ法ニ擬シ急用ノ捷徑トス頗鄙略ナリトイヘ𪜈十八変ノ主意ヲ失ハズシテ民用ニ甚便ナリ今ノ筮家ニ略筮ト云モノアリソノ法一ナラス新井白蛾ノ所用ノ法稍意義アリトイヘ𪜈ソノ変爻ヲ求ルノ法自然ノ理ニ合ハス平澤随貞ノ所用ノ法ニ至リテハ殊ニ悖謬ノ甚シキモノナリ近時又六筮ト云モノアリ何人ノ所創ナルヲシラス老陽老陰ヲ変爻トスルハ十八変ニ似タリトイヘ𪜈ソノ義略筮ト云モノヨリ不可ナリ又梅花易ニ年月日時ヲ以テ卦ヲ求ル法及ビ土肥鹿鳴ノ略々筮ト云モノソノ時ニアタリテ所見所聞ヲ以テ卦ヲ起スノ法ト此二説ハ頗自然ノ意アリ略筮ニ優レリトイヘ𪜈十八変法ニ比スルニ足ラ

ス故ニ今十八変シテ卦ヲ得ルノ法ニ従ヒ擲銭ヲ以テソノ捷径トナス擲銭ノ法ハ銭ノウラヲ陽ノ象トシ表ヲ陰ノ象トス三文ヲ一度ニ擲ケテ三文トモニウラナルヲ三陽ナル故老陽トシ三文トモニ表ナルヲ三陰ナルユヘニ老陰トシ一文ウラ二文表ナルヲ一陽二陰ナルユヘニ少陽トシ一文表二文ウラナルヲ一陰二陽ナル故少陰トスソノ老陰ハ変シテ少陽トナリ老陽ハ変シテ少陰トナル是ヲ変爻ト云少陽少陰ハ変スルヿナシ老陽老陰ナキノ卦ハ是ヲ不変ト云

如此ニ出ルヲ老陽ト云□ヲシルシテ変爻トス亦動爻トモ云本卦ニテハ陽ナリ変卦ニテハ陰ナリ

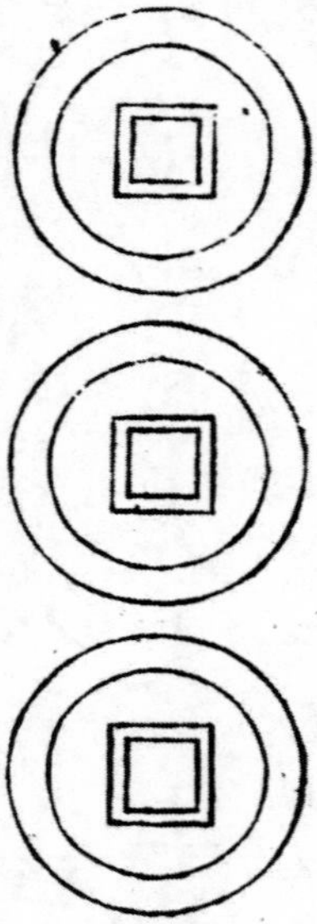

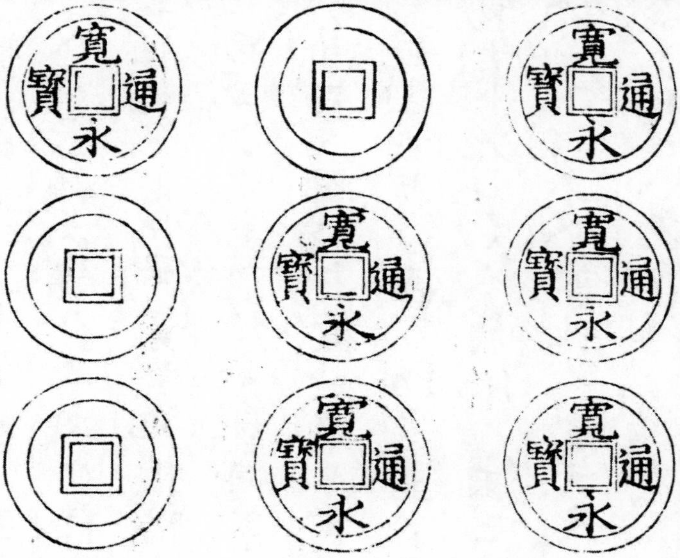


如此ニ出ルヲ老陰ト云✕ヲシルシテ変爻トス亦動爻𪜈云本卦ニテハ陰ナリ変卦ニテハ陽ナリ

如此ニ出ルヲ少陽ト云━ヲシルスコレヲ不変爻ト云亦静爻𪜈云ウラ形中ニアラワレテモ下ニアラワレテモ同シヿナリ

如此ニ出ルヲ少陰ト云━ ━ヲシルスコレヲ不変爻ト云又静爻𪜈云表カタ中ニアラワレテモ下ニアラワレテモ同シヿナリ

銭ハ當時通用スルヲ用ヒテ可ナリ寛永銭ノ内形正シキヲ擇ビテヨク洗ヒ潔クシテ用ユヘシ○尋常ノ占ニハ手ヲア

ラヒ口ヲソヽキ盛服シ正ク坐シ香ヲタキテ三文銭ヲ掌中ニユルヤカニ握リ敬禮シテ占フ所ノ事ヲ神ニ告クソノ後ニ銭ヲ擲ケ六タヒ擲ケ一卦ヲ得レハ銭ヲイタヽキ謹テ收ムヘシ〇神ニ告ルノ文ハ礼書ニモアリテ本義啓蒙ナトニモ詳ニアレトモ畢竟祭祀祈禱ノ意ナレハ和俗通用ノ詞ヲ用ヒテヨシタトヘハ今日何某ノ人何某ノ事吉凶未決ニヨリテ所疑ヲ神靈ニ質シ奉ル何卒アワレミテ告ケ知ラセ玉ヘト云類ナリ〇占フ所ノ室ノコシラヘヤフ又ハ占ニ用ル器物ナトソレ〲ノ制作ノ法モアルコトナレトモタヽ分ニ隨フテ潔クコシラヘ敬礼ノ意ヲ失ハサルヤウニスルヲ専要トス深ク拘ルヘカラス

四支ハ辰戌丑未ヲ
大

## 納甲ノ説

納甲トハ六十四卦并ニ卦爻ゴト十干十二支ヲ配スルヲ云甲乙丙丁等ヲ納ル、ト云意ナリソノ法タトヘハ乾為天ノ卦ナレハ

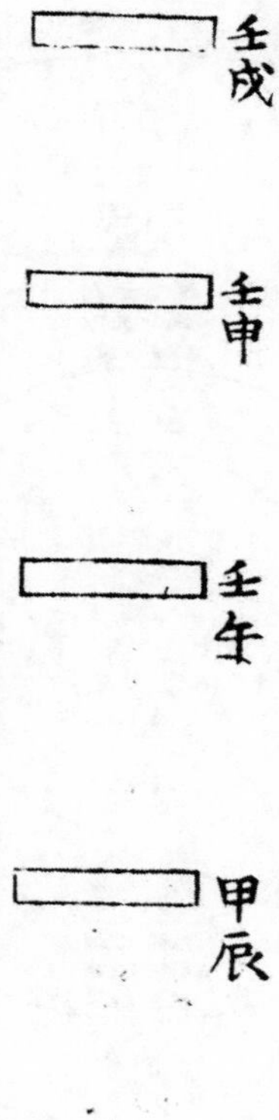


餘ノ六十三卦ミナ如此ノ類ナリ委クハ後ニ圖アリ

十干ヲ五行ニ属スルハ

甲乙木　丙丁火　戊己土　庚辛金　壬癸水

十二支ヲ五行ニ属スルハ

歌ニ云　亥子ノ水寅卯ハ木ニテ巳午ハ火申酉金ニ四支ハ土ナリ

五行八卦十干十二支方位之圖

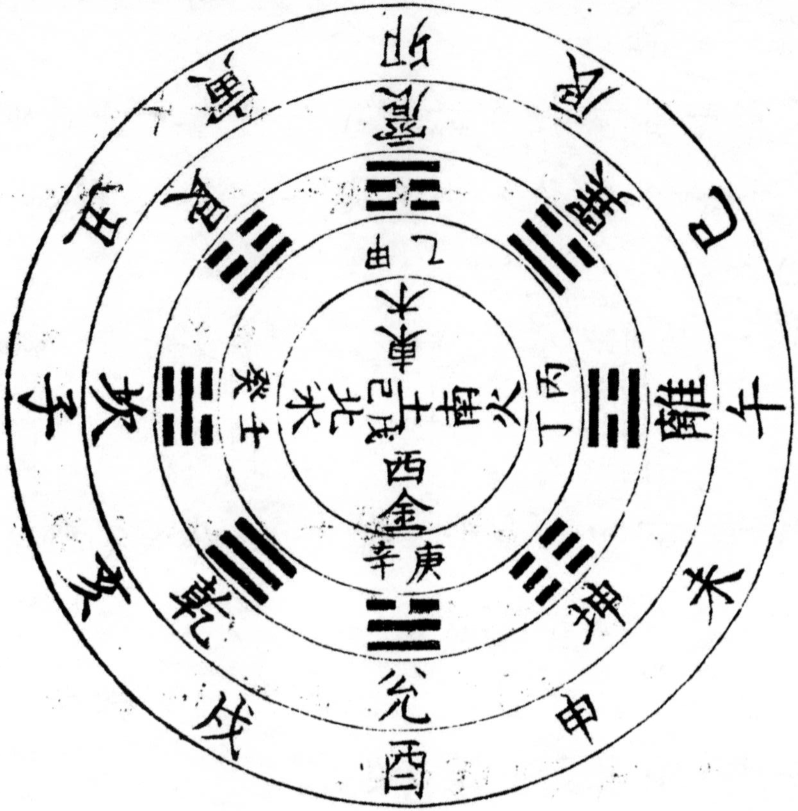

五行生克

木生火　火生土　土生金　金生水　水生木
水克火　木克土　火克金　土克水　金克木

幹合

甲卜己卜合　乙卜庚卜合　丙卜辛卜合　丁卜壬卜合
戊卜癸卜合
スヘテ合卜八合ヒ聚リテ親シキ意ナリ

支合　亦六合卜云

子卜丑卜合　寅卜亥卜合　卯卜戌卜合　辰卜酉卜合
巳卜申卜合　午卜未卜合

六冲　亦六衝卜云

子ト午ト冲　丑ト未ト冲　寅ト申ト冲　卯ト酉ト冲
辰ト戌ト冲　巳ト亥ト冲
スヘテ冲ト云モ衝ト云モ衝散シテ畝ヌル意アリ

六十四卦納甲飛伏世應卦身圖

## 乾 本宮

| 干 | 支 | 六親 | 世應 |
|---|---|---|---|
| 壬 | 戌 | 父母 | 世 |
| | 申 | 兄弟 | |
| | 午 | 官鬼 | |
| 甲 | 辰 | 父母 | 應 |
| | 寅 | 妻財 | |
| | 子 | 子孫 | |

## 姤

| 干 | 支 | 六親 | 世應 | |
|---|---|---|---|---|
| 壬 | 戌 | 父 | | |
| | 申 | 兄 | | |
| | 午 | 官 | 應 身 | |
| 辛 | 酉 | 兄 | | |
| | 亥 | 子 | | 寅 才 |
| | 丑 | 父 | 世 | |

## 遯

壬 父戌

應 兄申

官午

丙 兄申

世 官午 才寅

父辰 子子

## 否

壬 應 父戌

身 兄申

官午

乙 世 才卯

官巳

父未 子子

# 觀

- 辛　才卯
- 申兄　官巳
- 世　父未
- 乙　才卯
- 官巳
- 應　父未

# 剝

- 丙　才寅
- 申兄　世　子子
- 身　父戌
- 乙　才卯
- 應　官巳
- 父未

十四

## 晉 游魂

己 巳官
未父
酉兄 世
乙 卯才 身
巳官
未父 應 子子

## 大有 歸魂

己 巳官 應
未父
酉兄
甲 辰父 世
寅才 身
子子

五行易指南卷之二

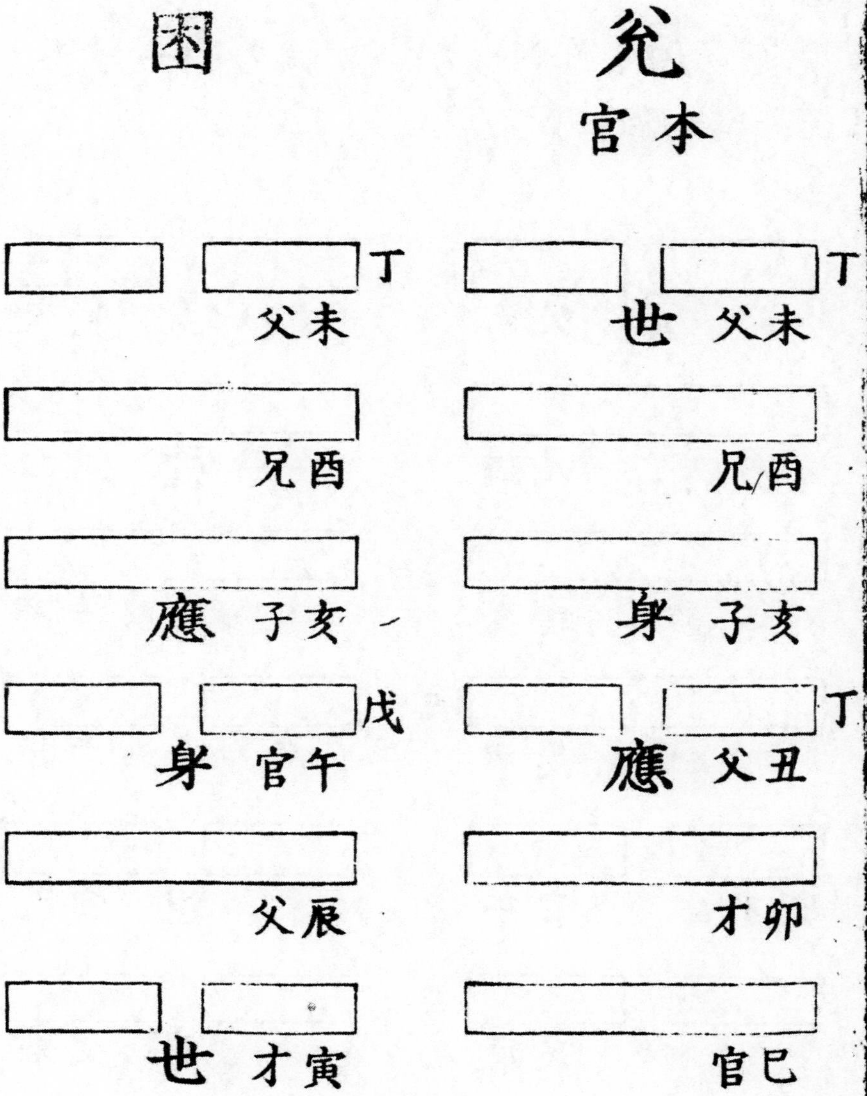


十五

# 萃

⚋ 丁　父未　身
⚊ 兄酉　應
⚊ 子亥
⚋ 乙　才卯
⚋ 官巳　世
⚋ 父未　身

# 咸

⚋ 丁　父未　應
⚊ 兄酉
⚊ 子亥
⚊ 丙　兄申　世
⚋ 官午　·　卯才
⚋ 父辰

## 蹇

⚋ 戊 子子

⚊ 父戌

⚋ 世 兄申

⚊ 丙 兄申

⚋ 卯才 官午

⚋ 應 父辰

## 謙

⚋ 癸 兄酉

⚋ 世 子亥

⚋ 父丑

⚊ 丙 兄申

⚋ 卯才 應 官午

⚋ 父辰

## 小過
遊魂

| 天干 | 爻 | 六親地支 | 世應身 | 伏神 |
|---|---|---|---|---|
| 庚 | ⚋ | 父戌 | | |
| | ⚋ | 兄申 | | |
| | ⚊ | 官午 | 世 | 亥子 |
| 丙 | ⚊ | 兄申 | | |
| | ⚋ | 官午 | 身 | 卯才 |
| | ⚋ | 父辰 | 應 | |

## 歸妹
歸魂

| 天干 | 爻 | 六親地支 | 世應身 | 伏神 |
|---|---|---|---|---|
| 庚 | ⚋ | 父戌 | 應 | |
| | ⚋ | 兄申 | 身 | |
| | ⚊ | 官午 | | 亥子 |
| 丁 | ⚋ | 父丑 | 世 | |
| | ⚊ | 才卯 | | |
| | ⚊ | 官巳 | | |

## 離

宮本

| | | |
|---|---|---|
| | 兄巳 | 己 |
| 世 身 | 子未 | |
| | 才酉 | |
| 應 | 官亥 | 己 |
| | 子丑 | |
| | 父卯 | |

## 旅

| | | |
|---|---|---|
| | 兄巳 | 己 |
| | 子未 | |
| 應 | 才酉 | |
| 亥官 | 才申 | 丙 |
| 身 | 兄午 | |
| 卯父 世 | 子辰 | |

## 鼎

己　兄巳

應　子未

才酉

辛　才酉

世　官亥

身　子丑　父卯

## 未濟

己　應　兄巳

子未

才酉

戊　世　兄午　官亥

子辰

父寅

## 蒙

丙 父寅

官子

身 酉才 世 子戌

戊 兄午

子辰

應 父寅

## 渙

辛 父卯

世 兄巳

酉才 子未

戊 亥官 兄午

應 身 子辰

父寅

## 訟

游魂

⚊ 壬
戌子

⚊
申才

⚊
世 午兄

⚋ 戊
午兄　官亥

⚊
辰子

⚋
應 寅父

## 同人

歸魂

⚊ 壬
應 戌子

⚊
申才

⚊
午兄

⚊ 己
世 亥官

⚋
丑子

⚊
卯父

| 豫 | | 震 | |
|---|---|---|---|
| | | 官本 | |
| 庚 | 才戌 | 庚 | 世 才戌 |
| | 官申 | | 官申 |
| 應 身 | 子午 | | 子午 |
| 乙 | 兄卯 | 庚 | 應 才辰 |
| | 子巳 | | 兄寅 |
| 子父 世 | 才未 | | 父子 |

# 解

庚 才戌

應 官申

子午

戊 子午

世 才辰

子父 兄寅

# 恒

庚 應 才戌

官申

子午

辛 世 官酉

身 寅兄 父亥

才丑

## 升

癸

⚋ 身　官酉

⚋ 父亥

⚋ 午子　世　才丑

辛

⚊ 身　官酉

⚊ 寅兄　父亥

⚋ 應　才丑

## 井

戊

⚋ 父子

⚊ 世　才戌

⚋ 午子　官申

辛

⚊ 官酉

⚊ 寅兄　應　父亥

⚋ 才丑

# 大過

游魂

- ▅▅　▅▅　丁　未才
- ▅▅▅▅▅　酉官
- ▅▅▅▅▅　亥父　世　子午
- ▅▅▅▅▅　辛　酉官
- ▅▅▅▅▅　亥父　兄寅
- ▅▅　▅▅　丑才　應

# 隨

歸魂

- ▅▅　▅▅　丁　未才　應
- ▅▅▅▅▅　酉官
- ▅▅▅▅▅　亥父　子午
- ▅▅　▅▅　庚　辰才　世
- ▅▅　▅▅　寅兄
- ▅▅▅▅▅　子父

## 巽 本宮

辛 卯兄 世

巳子 身

未才

辛 酉官 應

亥父

丑才

## 小畜

辛 卯兄

巳子

未才 應

甲 辰才 官酉

寅兄

子父 世 身

## 家人

辛 兄卯

應 子巳

身 才未

己 酉官 父亥

世 才丑

兄卯

## 益

辛 應 兄卯

子巳

才未

庚 酉官 世 才辰

兄寅

父子

## 无妄

| 爻 | 納甲 | 地支 | 六親 | 世應 |
|---|---|---|---|---|
| ⚊ | 壬 | 戌 | 才 | |
| ⚊ | | 申 | 官 | |
| ⚊ | | 午 | 子 | 世 |
| ⚋ | 庚 | 辰 | 才 | |
| ⚋ | | 寅 | 兄 | |
| ⚊ | | 子 | 父 | 應 |

## 噬嗑

| 爻 | 納甲 | 地支 | 六親 | 世應 |
|---|---|---|---|---|
| ⚊ | 己 | 巳 | 子 | |
| ⚋ | | 未 | 才 | 世 |
| ⚊ | | 酉 | 官 | |
| ⚋ | 庚 | 辰 | 才 | |
| ⚋ | | 寅 | 兄 | 應 |
| ⚊ | | 子 | 父 | |

## 頤 游魂

丙 兄寅
已子 父子
世 才戌
庚 酉官 才辰
兄寅
應 父子

## 蠱 歸魂

丙 應 身 兄寅
已子 父子
才戌
辛 身 世 官酉
父亥
才丑

## 坎 本宮

⚋ 戊 子兄 世

⚊ 戌官

⚋ 申父

⚋ 戊 午才 應

⚊ 辰官

⚋ 寅子

## 節

⚋ 戊 子兄 身

⚊ 戌官

⚋ 申父 應

⚋ 丁 丑官

⚊ 卯子

⚊ 巳才 世

廿三

# 屯

戊 兄子

應 官戌

父申

庚 官辰

午才

世 子寅

兄子

# 既濟

戊 應 兄子

官戌

父申

巳 世 兄亥

午才

官丑

子卯

# 革

# 豐

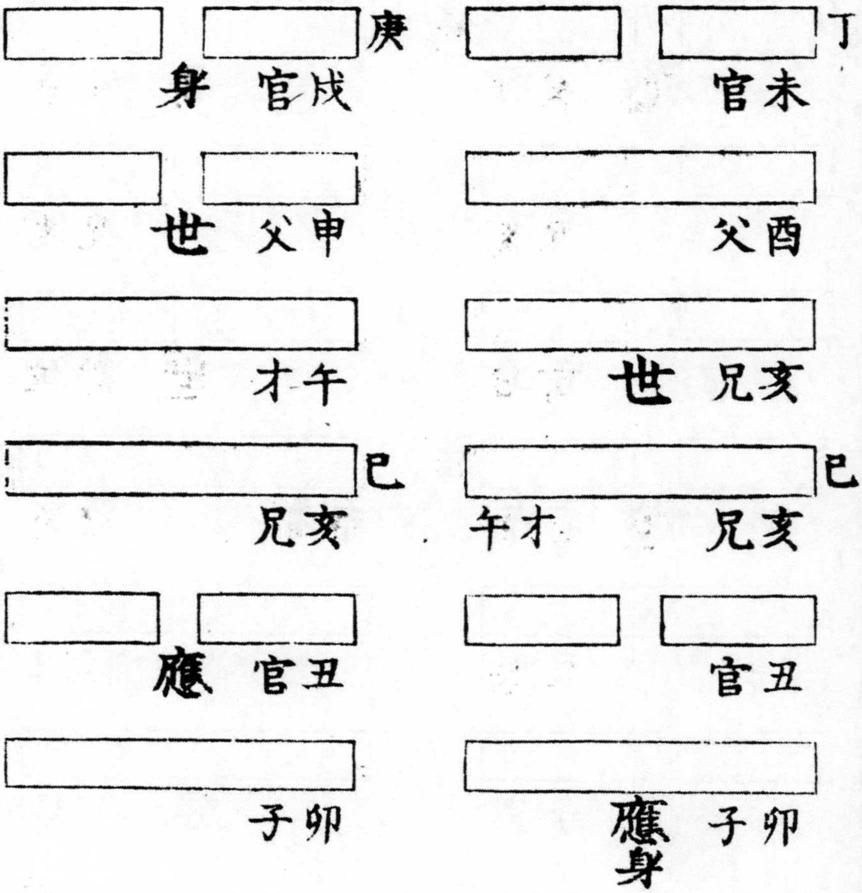

## 明夷
游魂

| 爻 | 干 | 納甲 | 世應 | 伏神 |
| --- | --- | --- | --- | --- |
| ⚋ | 癸 | 酉父 | 身 | |
| ⚋ | | 亥兄 | | |
| ⚋ | | 丑官 | 世 | |
| ⚊ | 己 | 亥兄 | | 才午 |
| ⚋ | | 丑官 | | |
| ⚊ | | 卯子 | 應 | |

## 師
歸魂

| 爻 | 干 | 納甲 | 世應 |
| --- | --- | --- | --- |
| ⚋ | 癸 | 酉父 | 應 |
| ⚋ | | 亥兄 | |
| ⚋ | | 丑官 | |
| ⚋ | 戊 | 午才 | 世 |
| ⚊ | | 辰官 | |
| ⚋ | | 寅子 | |

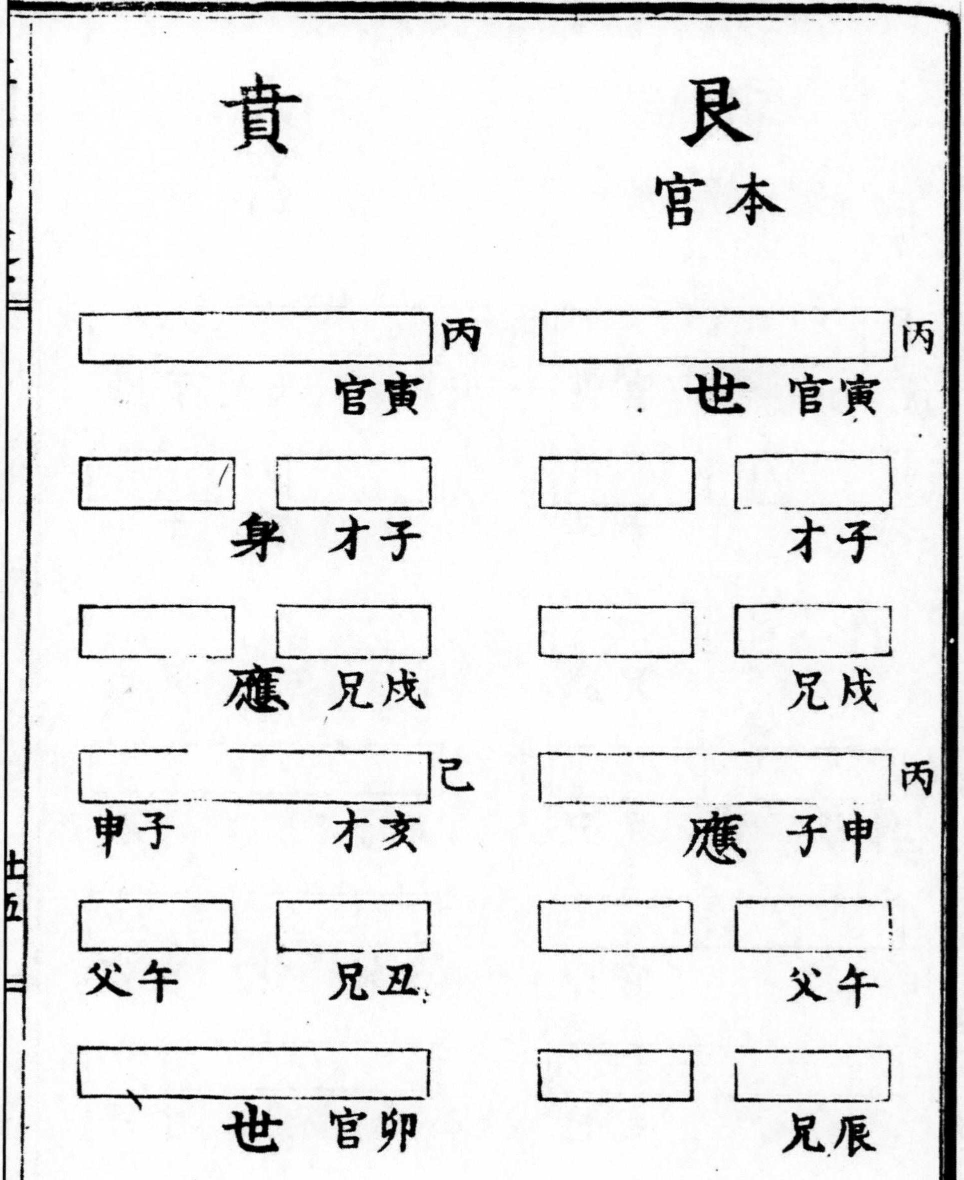
艮
官本
丙
世 官寅
才子
兄戌
丙
應 子申
父午
兄辰
賁
丙
官寅
身 才子
應 兄戌
己
申子 才亥
父午 兄丑
世 官卯
十五

# 大畜

| | |
|---|---|
| ⚊ 丙 | 官寅 |
| ⚋ | 應　才子 |
| ⚋ | 兄戌 |
| ⚊ 甲 | 申子　辰 |
| ⚊ | 午父　世　官寅 |
| ⚊ | 才子 |

# 損

| | |
|---|---|
| ⚊ 丙 | 應　官寅 |
| ⚋ | 才子 |
| ⚋ | 兄戌 |
| 身 ⚋ 丁 | 申子　世　兄丑 |
| ⚊ | 官卯 |
| ⚊ | 父巳 |

## 睽

己
父巳
兄未　子才
子酉　世
丁
兄丑
官卯　身
父巳　應

## 履

壬
兄戌
子申　世　子才
父午
丁
兄丑
官卯　應
父巳

## 中孚 游魂

辛 卯官

巳父 才子

世 未兄

丁 丑兄

卯官

應 巳父

## 漸 歸魂

辛 應 卯官

巳父 才子

未兄

丙 世 申子

午父

辰兄

# 坤

本宮

| 爻 | 天干 | 地支六親 | 世應 |
|---|---|---|---|
| 上 | 癸 | 酉子 | 世 |
| 五 | | 亥才 | 身 |
| 四 | | 丑兄 | |
| 三 | 乙 | 卯官 | 應 |
| 二 | | 巳父 | |
| 初 | | 未兄 | |

# 復

| 爻 | 天干 | 地支六親 | 世應 | 伏神 |
|---|---|---|---|---|
| 上 | 癸 | 酉子 | | |
| 五 | | 亥才 | | |
| 四 | | 丑兄 | 應 | |
| 三 | 庚 | 辰兄 | | |
| 二 | | 寅官 | | 父巳 |
| 初 | | 子才 | 世身 | |

# 臨

| | | | |
|---|---|---|---|
| 癸 | 酉子 | | |
| | 亥才 | 應 | |
| | 丑兄 | 身 | |
| 丁 | 丑兄 | 身 | |
| | 卯官 | 世 | |
| | 巳父 | | |

# 泰

| | | | |
|---|---|---|---|
| 癸 | 酉子 | 應 | |
| | 亥才 | | |
| | 丑兄 | | |
| 甲 | 辰兄 | 世 | |
| | 寅官 | 身 | 父巳 |
| | 子才 | | |

## 大壯

庚
兄戌
子申
世 父午
甲
兄辰
官寅
應 才子

## 夬

丁
兄未
世 子酉
才亥
甲
身 兄辰
應 官寅 父巳
才子

## 需　游魂

戊　子 才

戌 兄

世　申 子

甲　辰 兄

寅 官　父 巳

應　子 才

## 比　歸魂

戊　子 才　應

戌 兄

申 子　身

乙　卯 官　世

巳 父

未 兄

占法甚初心ナル人速ニ此易法ヲ得ントナラハマヅ此書第一巻ヲ大畧ニ讀テ次ニ第二巻ヲヨク〳〵熟讀シ又ソノ次ニ第九巻第十巻ヲ熟讀スレハ占法ノ大略心得ヘシソノ後事アリテ占フ寸ソノ事ソノ卦ニヨリテ第三巻六十四卦ノ大意ト第四ヨリ第八巻ニ載スルソノ事ノ占法ヲ見合セテ判断スル寸ハイカナル初心ノ人ニテモ十ニ八九ハ的中スヘシ如此スル寸ハ大抵聰敏ノ人ハ両三月ヲ過キズシテコノ易法ヲ得ヘク甚遅鈍ノ人トイヘ𪜈一年ヲ待タズシテ用ヲナスヘシモシソノ淵源ヲ究メテ深ク精微ノ極致ニ至ルコトハ予イマタ

ソノ域ニ至ラサレハコレヲ人ニ教ルヿ能ハズ人々学
ヒテ自ラ試ムヘシ
第一巻ノ内十二支五行ノ分属并六合六冲ト五行ノ生
克トハ此易ヲ学ブ者必暗記スヘシ然ラサレハ占ニ臨
ミテ甚不便利ナルヿ多シ

五行易指南巻之一終

# 嘉慶新鐫卜筮正宗序

竊聞卜筮之道一本於易而易之理至精至微所以孔子嘗編三絶猶有假手之語則甚矣易之不可易學而卜筮之不可易言也是非取前賢之遺編往復極深研幾考疑訂謬亦豈能窮其大原悉其條理會其指歸也哉予始祖文煇公籍本中州自宋時卜隱洞庭西山之麓逮我父正方公晚年得子不汲汲於利祿焚香煮茗涉獵經史著書滿家間及九流雜學無不考搜博覽予奉侍之暇偶見卜筮等書心竊喜而學焉始易林補遺黄金策卜易諸書無不一一講窮而終莫得其宗旨後予浪遊秦楚凡遇卜筮家俱旁為搜討而不免於惑世誣民則又未嘗不慨焉歎興思有以正之己卯年十十月丙午日路過岳陽樓風阻於湖濱衆友惶惶有

新安楊先生號廣含者邃精易理筮之得明夷卦卦中卯木子孫獨發逢空丑土官鬼持世先生曰此風八晝夜方止予請其故先生曰古書以兄弟為風雲今曰之風甚逆舟不能行非以兄弟為用神也官鬼持世乃阻隔憂疑之象至甲寅日子孫墳實丑鬼逢空定主風息至卯日動福值日順風可必至期果然予深服其論因跽而請教先生為之委曲開導同舟數日得聞所未聞予於是渙然釋豁然悟而恨相遇之晚也即執北面禮先生遂將生平占驗一冊授予曰予細閱之自知玅解并為詳論易林補遺飛伏用神之謬剪金策為卜筮金鏡而深惜姚際隆之詮註未明其所指教俱剴切詳明然後知易課自有精義而天下入室者寡也抵家後杜門謝客舉先生所提命者沉潛反覆更博採前賢緒論竊欲

破舉世之迷。正斯道之宗。不揣固陋。於黃金策解則爲之詮註詳明。於易林補遺則爲之分晰差謬。於啓蒙節要及通玄賦增刪卜易諸書則爲之刪華就實。較訛正舛。不啻彙群書之精要而集其大成。庶與吾師向日之授及予平日所占驗者悉合券焉。故筆之於書。定爲一十四卷。前十八論後十八問。顏之曰卜筮正宗。欲以窮陰陽之秘。參造化之機。以無負於前賢。并無忝於繼述前人者而已。爰授剞劂以就正世之知道者。雖於易理之精微。不敢自謂有得。然惑世誣民之誚。吾知免矣

皆

康熙四十八年歲次己丑仲秋上浣吉旦

林屋山人王維德洪緒氏書於鳳梧樓

此書ノ說斷易易冒等ノ諸書ニ據リテ王氏ノト筮正宗ヲ用ルモノ尤多シ故ニ今ソノ序文ヲコヽニ載セテ王氏ノ功ヲアラハス人ノ美ヲ掠メザルヿヲ欲スルナリト筮正宗ノ書唐山ニ板行シテヨリ僅ニ十餘年我カ　邦ニ舶載スルヿ多カラズ故ニコレヲ得ル者甚以シソノ書周易ノ象義ヲステヽ專ラ納甲ノ法ヲ用ユ真ニ所謂俗易トイヘ𪜈然レ𪜈ト筮ヲ事トスル者スツベカラザルモノアリ故ニ予ソノ說ヲ述ルヿシカリ

五行易指南巻之二

虎門　皷缶子　述

世應

世應トハスヘテ乾為天兌為澤離為火震為雷巽為風坎為水艮為山坤為地ノ八卦八純本宮ノ卦ト云テ上爻即第六爻ヲ以テ世トス天風姤澤水困火山旅雷地豫風天小畜水澤節山火賁地雷復ノ八卦ハ第一世ノ卦ト云テ初爻即第一爻ヲ以テ世トスコレヨリ段々ニ二世ノ卦ハ二爻三世ノ卦ハ三爻四世ノ卦ハ四爻五世ノ卦ハ五爻ヲ世トス次ニ火地晋雷山小過天水訟ナトノ如キハ六世トイハスシテ游魂ノ卦ト云四爻ヲ以テ世トス四世ノ卦ト同シ次ニ火天大有雷澤皈妹天火同

人ナトノ如キハ皈魂ノ卦ト云三爻ヲ以テ世トス三世ノ卦ト同シ應爻ハスヘテ上ニテモ下ニテモ世爻ト二爻ヘタテタルヲ云クワシクハ納甲圖ニミヘタリ

世應ノ用ハスヘテノ占ニ世ヲ以テ己トシ應ヲ以テ他トス旅行ナトニハ應ヲ以テユクサキノ土地トス婚姻ニハ應ヲ以テ聟ヨメナトノ家トスル類種々ノ用アルヿ也

世爻發動スルハ出行ニヨロシ○世爻空亾スルハ後悔シテ退クカ又ハ望ヲ失フ○世應𪜈ニ動クハ事ヲ改メ又ハ違變トス○世應𪜈ニ空亾シテ合スルハ虚約ニシテ誠ナシトス○世應ノ間ニ忌神發動スルハ事ヲ妨ケテ凶○世爻忌神ヲ持スルハ憂疑阻隔アリ但克スルハヨシサレ𪜈亦アマリ大

過スルハアシヽ○世應ノ間ニ忌神ニアラストイヘ圧發動スルハヘタテアルトスルヿアリ○世爻刑ニアヒ克ニアフテ忌神ヨリ生スルハ事ナラサルノミナラス事ニヨリテ災咎ヲ招クヿアリ

## 卦身

卦身トハ陰ノ世ハ午ノ月ヨリ數ヘ起シ陽ノ世ハ子ノ月ヨリ數ヘ起シ何レモ初爻ヨリ世ニ至ルノ數ヲ卦身ト云タトヘハ乾為天ノ卦ナレハ陽ノ世ナルユヘ初爻ヨリ子丑寅卯辰巳ト六爻ニアル世マテ數ヘテユケハ巳ニアタルカ卦身ナリ乾為天ニハ巳ノ爻ナキユヘ卦身ナシ又天風姤ノ卦ハ陰ノ世ナルユヘ初爻ヨリ數ヘテ午未申酉戌亥トカソヘン

トスルニ初爻ノ午ノ處ニ世アリ卦中第四爻ニ午ノ爻アルユヘコレヲ卦身トス六十四卦ミナコノ例ナリクワシクハ納甲圖ニアラワス

卦身ノ爻ハ占フ所ノ事ノ主ナリ事ヲ占フニハ事体トス人物ヲ占フニハ身体容貌トス卦身ナキ卦ハソノ事スベクヽリナシ卦身アリトイヘトモソノ爻ニ病アル時ハソノ事成就シ難シ卦身二ツアル卦ハ人ト事ヲ同クスルノ類又ハ官鬼ニツイテ動ク時ハ争フヿアリ凡テ卦身ハ出現スルニヨロシク動クハヨロシカラス

六親ノ説

父母子孫妻財官鬼兄弟コノ五ツヲ六親ト云六トハ六爻ニ

配シタルユヘナリ亦五類ト云ナリ　生スル我ヲ者ヲ為父母ト　我
生スル者ヲ為子孫ト　我カ剋スル者ヲ為妻財ト　剋スル我ヲ者ヲ為官鬼ト　比和スル
者ヲ為兄弟ト　我トハソノ卦ヨリ云詞ナリ　生スル我ヲ者トハタト
ヘハ乾為天ノ卦ナレハ金ニ屬スルユヘ上爻戌艮ヲ以テ父母
トス土生金ユヘナリ我カ生スル者ハ乾為天ノ卦ナレハ水爻子ヲ
子孫トス金生水ユヘナリ我カ剋スル者ハ木爻寅ヲ妻財トス金剋
木ユヘナリ剋スル我ヲ者ハ火爻午ヲ官鬼トス火剋金ユヘナリ比
和トハ性ノ相同シキヲ云金爻申ヲ兄弟トス金ト金ナレハ
ナリ六十四卦ミナコノ例ナリクハシク納甲圖ニアラハス
六親ノ用ハ父母伯叔師長ヲ占フニハ父母ノ爻ノ強弱ヲ考
ヘ子孫姪壻門人弟子ヲ占フニハ子孫ノ旺衰ヲ論シ妻妾又

ハ金銀ヲ占フニハ妻財ノ生克ヲ推シ仕官又ハ病症ヲ占フ
ニハ官鬼ノ吉凶ヲ断シ兄弟従兄弟又ハ同寮ナトヲ占フニ
ハ兄弟ノ生克ヲ観ル類ナリ此六親ノ内各属スルモノアリ
ヒロク通シテ用ルコ左ノ如シ

六親所属

父母之属　高曾祖父母　父母　師匠　家主　寄親　伯叔
父母　姑外舅（チヽハヽ又ハカタチヽ）　舅姑　父母ノ同役朋輩又ハ年輩同キ親シ
キ友　城　館　宅　官室　舟車駕籠　衣服絹紬布木綿ノ
類服紗風呂敷　合羽傘蓑笠　甲冑楯幕　書簡證文諸ノ書
付類　書籍帳冊　雨
官鬼之属　官府　役頭ノ類　夫　夫ノ兄弟又ハ同役朋輩

親シキ友　亂臣　盜賊　邪祟　憂苦患難　病　死體　逆

風　刀脇差槍長刀ノ類　鬼神又ハ神佛位牌幣束之類　雷

電

兄弟之属　兄弟姉妹　從兄弟姉妹　姉聟妹聟妻ノ兄弟

同役同輩同學朋友　風雲

妻財之屬　妻妾　友人ノ妻妾（スヘテ父母兄弟等ニ属スルヨリ外ハ友人等ニアラストイヘ𪜈何レノ婦人女子ニテモ皆妻財ヲ用神トスヘシ）　嫂　弟婦　下女下男　雇人

諸物之價　金銀財寶　寶物　物置土藏又ハ炭部屋薪小屋ノ類　スヘテ世帶道具膳椀鍋釜箪笥長持ノ類　天氣晴明

食物ノ類

子孫之屬　男子女子　孫曾孫玄孫　甥姪　聟孫聟姪聟孫

婦甥婦ノ類　門人弟子　子分子方　忠臣　良将　藥　寺
僧　修驗　牛馬猫犬鶏ノ類　畜ヒ鳥畜ヒ魚ノ類　盃銚子
烟筒タハコイレ團扇ハナカミノ類　酒肴タハコ菓子ノ類
若労ヲ免レ災難ヲ避ル類　順風　日月星
右ノ外我カ主君ハスヘテ九五ヲ以用神トシ親戚朋友等ノ
部ニ入ラサル他人ニシテ僧尼修驗又ハ盗賊等ノ名ナキモ
ノハ皆應爻ヲ以テ用神トスソノ餘皆六親ノ属ニ定法アリ
トイヘ圧天下ノ萬類無窮モノナレハ各意會シテ用ユヘシ
居室ハ父母ヲ用レ圧物置土藏ハ妻財ヲ用神トシ食物ハ妻
財ヲモチユレ圧酒果子ハ子孫ヲ用神トスル類ヨクヽ考フ
ヘシ

## 用神

用神トハ凡ソ占ニソノ人ソノ物ソノ事トシテ用ル爻ヲ云己ノヿヲ占フニハ世ヲ用神トシ他人ノヿヲ占フニハ應ヲ用神トス父母伯叔又ハ文書衣服ナトヲ占フニハ父母爻ヲ用神トシ子孫甥姪門人弟子ナトヲ占フニハ子孫爻ヲ用神トスル類ヲ云凡六親ヲ用神トスルヿソノ占フ事ニヨリテ色々カハルナリ天氣ヲ占フニハ父母爻ヲ雨トシ子孫爻ヲ日月トシ病ヲ占フニハ子孫爻ヲ藥トシ官鬼爻ヲ病症トスル類ナリ詳ニ下ニミヘタリ凡五行易ノ占ハ用神ヲ明ニセサレハ占フ所的シ难シ学者心ヲ竭スヘキ所ナリ

スヘテ託セラレテ占フ時ハソノ人ニ代リテ筮スル意ナル

ユヘニソノ人己ノ事ヲ占フニハ世爻ヲ以テ用神トス應爻ヲ以テ用神トスヘカラスソノ人ヨリ託スルヿナクテ我ノ方ニテ自ラ占ヘハ應爻ヲ用神トスルナリ○又タトヘハソノ人父母ノヿヲ占フヿヲ託スル寸ハ父母ヲ以テ用神トス、レ𪜈ソノ人父母ノ命ヲウケテ来リテ託スル時ハソノ人ノ父母ニ代リテ筮スル意ニテソノ子ニ代ル意ニ非ルユヘ即世爻ヲ用神トナシテ父母ヲ用神トナスヘカラス餘モ皆コレニ准シテ知ルヘシ○又スヘテ婦人女子ノヿヲ占フニハ父母兄弟子孫ニ屬スルヨリ外ハミナ妻財ヲ以テ用神トナシテ應爻ヲ用ヒス婦女自ラ占フ寸ハスヘテノ男子父母兄弟子孫ニ屬スルヨリ外ハミナ官鬼ヲ以テ用神トナシ應爻所用ヰサルナリ如此寸ハスヘテ應爻ハ男子婦人ノ家又ハ家主ト見テ断スヘシコレ婚姻ノ占法ト同シキナリ○スヘテ國君又ハ帝王ノ事ヲ占フニハ五爻ヲ以テ用神トナシテ世應六親ヲ用ヒサルナリ餘ハ前ノ六親所属并世應ノ條ニ詳ナリ

## 原神忌神仇神

原神トハ用神ヲ生スル爻ヲ云忌神トハ用神ヲ克スル爻ヲ云仇神トハ忌神ヲ生シ原神ヲ克スル爻ヲ云タトヘハ父母ヲ用神トスル寸ハ官鬼ヲ原神トシ妻財ヲ忌神トシ子孫ヲ仇神トス子孫ヲ用神トスル寸ハ兄弟ヲ原神トシ父母ヲ忌神トシ官鬼ヲ仇神トスル類ナリ餘ハ推シテシルヘシ○凡

用神旺相シテ盛ナル寸原神モ力強ク盛ナレハ倍々ノ吉トスモシ用神旬空月破休囚伏藏シテモ原神盛ナル寸ハ〆ノ時ニアヘハ必發達スルナリモシ用神旺相シテ盛ナリ圧原神休囚不動或ハ動キテモ墓絶冲克等ニアフテ力ナキカ又ハ仇神力強クシテ原神コレニ克セラレ又ハ原神変シテ退神ニ化スル類ハ用神ヲ生スルヿ能ハサル故根ニキズツクカ如クニテタヽ益ナキノミナラスカヘツテ凶トス

父母ノ用

發動 病占 用藥效ナシ 昏姻 子ナシ 買賣 利ナシ 音信 来ル 失物 逃亡 圧ニ訴ヘテ穿議ニ及フ 身命 小兒ニ障アリ △變化 進神ニ変スルハ凡文書ノヿニ宜シ○子孫ニ変スレハ家内ノ

スニ障ラズ○官鬼ニ変スレハ轉職スルコトアリ○妻財ニ化スレバ家主憂アリ△持世スルハ凡ノ事身ヲ労ス【身命】妻財爻動ク時ハヨキ妻ヲ得難キカ又長壽ヲ得難シ又家督ヲ得ス又モシ官鬼動キテ妻財無事ナル寸ハ學問ヲ以テ出身スルコトヲ望ムヘシ

子孫ノ用

發動【病占】ヨキ醫師ヲ得ルコトアリ【昏姻】吉【行人】安穩【賣買】平安【生產】吉【詞訟】終ニハ相和シテ公訴ニ至ラス【仕官】凶、【貴人】ニ謁【スル】凶【身命】男ノ身ニ滞アリ△變化　退神ニ化スレハ人ヲ求メ財ヲ求ル類心ニカナワス○父母ニ変スレハ【農作養蠶】凡ニ敗レ多シ○妻財ニ變スレハ凡ノコトマス〱栄ヘル○官鬼ニ化スレハ生産ノ占凶△持世　凡ノ占スヘテ憂ナシ又難ヲ免ル然レ𪜈生ニアフテ克ニアワサレハ萬事皆吉克ニアフテ生スルモノナケレハ萬事皆凶仕官忌詞訟妨ナシ失物得ル

官鬼ノ用

發動昏姻成ラス疑滯アリ病占クルシム又旺相シテ盛ナル時ハ發狂スルヿアリ農作養蠶𪜈ニ不利行人逃亡𪜈ニ災アリ賭勝負マクル詞訟獄屋ニ入リ白洲ニ出ル類ヲ免レス賣買利薄シ失物得難シ△變化　進神ニ化スレハ仕官速ニ成ル○妻財ニ化スレハ病占凶○父母ニ化スレハ文書ノ類成就ス○子孫ニ化スレハ官途ハ障アリ○兄弟ニ化スレハ家

ハムツマシカラス△持世　凡事安穏ナラス又阻滞アリ［身
命］時々損失アリ［仕官］盛ナルヲヨシトス［凡占］墓ニ入ル時ハ
憂多ク疑多シ冲ニアヘハ禍ヲ轉シ福トナスヿアリ

妻財ノ用

發動［仕官］望トケス［昏姻］樂シム［謀望］吉［生産］ヤスシ［行人］身動
ク［失物］家ヲ出ツ［病占］脾胃ノサヽワリ［家宅］青龍ニツキテ旺
相スレハ富ヲ致ス△變化　進神ニ化スレハ金銀等手ニ入
ル○官鬼ニ化スレハ憂ルヿアリ○子孫ニ化スレハ悦ヒ笑
フ○父母ニ化スレハ家主ニヨロシ○兄弟ニ化スルハ破財
△持世　財ヲ益ス動キテ兄弟ニ變シ官鬼ニ變スルハ凡占
凶

兄弟ノ用

發動 病占 愈ヘ難シ 仕官 望トケス又損失多シ又ヒソカニ妨ケルモノアリモシ吉神ヲ帯レハ反テ助アリ 行人 来ラス 賣買 本ヲ損ス 妻妾婢女 ノ類心ニカナハス 身命 女人ニ缺アル丁アリ△變化 退神ニ變スレハ凡ノ事ニ忌ム事ナシ○父母ニ化スレハ妾婢奴僕ニ驚クフアリ○妻財ニ化スレハ財寶ノ望トケス○官鬼ニ化スレハ親類兄弟ノ災アリ○子孫ニ化スレハ凡ノ事意ノ如シ△持世 財ヲ得ス○朱雀ヲ帯レハ口舌アリ○官鬼發動スレハ禍アリ又發動シテ官鬼ニ變スレハ奇災アリ

旺相休囚

凡卦爻乇ニ四時ニヨリテ旺相休囚ト云ヿアリ旺相ハ盛ニシテ强ク休囚ハ、衰ヒテ弱シタトヘハ春ニアタリテハ木令行ハル、ユヘ震巽ノ卦又ハ寅卯ノ爻ナレハ旺トス離ノ卦又ハ巳午ノ爻ナレハ時令ヨリ木生火ト生スル故相トス乾兌ノ卦又ハ申酉ノ爻ナレハ時令ト相反シテハタラクヿナキユヘ囚トス坎ノ卦又ハ亥子ノ爻ナレハ水生木トテ既ニ時令ヲ生シテ休息スルユヘ休トス艮坤ノ卦又ハ丑辰未戌ノ爻ナレハ木克土ト時令ニ克セラル、ユヘ死トス

| | 旺 | 相 | 死 | 囚 | 休 |
|---|---|---|---|---|---|
| 春 | 木 | 火 | 土 | 金 | 水 |
| 夏 | 火 | 土 | 金 | 水 | 木 |
| 秋 | 金 | 水 | 木 | 火 | 土 |
| 冬 | 水 | 木 | 火 | 土 | 金 |
| 四季 | 土 | 金 | 水 | 木 | 火 |

空亡又旬空ト云

空亡トハソノ旬中ニナキ十二支ヲ云タトヘハ甲子ヨリ癸酉マテ十日一旬ノ内ニハ戌亥ノ二支ナシコレヲ戌亥旬空ト云又甲戌ヨリ癸未マテ十日一旬ノ内ニハ申酉ノ二支ナシコレヲ申酉旬空ト云餘ハ例シテシルヘシ下ノ圖ニ詳ナリコレハ年ニモ月ニモアルコトナレ𪜈多クハ日ノ旬空ヲ重ク用ルナリ年空ヲ用ルコトハ壽命ノ占ナトノ類ノ年數遠キ占ニ用ルノミナリ月空ノ用ハ甚希ナルコトニシテ多クハ用ヒス

タトヘハ甲子己巳甲戌ヨリ己未マテノ十二年イツレモ丙寅ノ正月ニテ九月ハ甲戌ニアタル故ニ八月マテノハ空亡戌亥九月ヨリハ空亡申酉ナリ

| 旬空 | | | 戌 | 亥 | 申 | 酉 | 午 | 未 |
|---|---|---|---|---|---|---|---|---|
| 甲己 | 至八月 戌亥 | 九月後 申酉 | 甲子 丙正九甲 | 己巳 | 甲戌 | 己卯 | 甲申 | 己丑 |
| 乙庚 | 至六月 申酉 | 七月後 午未 | 乙丑 戊正七甲 | 庚午 | 乙亥 | 庚辰 | 乙酉 | 庚寅 |
| 丙辛 | 至四月 午未 | 五月後 辰巳 | 丙寅 庚正五甲 | 辛未 | 丙子 | 辛巳 | 丙戌 | 辛卯 |
| 丁壬 | 至二月 辰巳 | 三月後 寅卯 | 丁卯 壬正三甲 | 壬申 | 丁丑 | 壬午 | 丁亥 | 壬辰 |
| 戊癸 | 自正月至十月 子丑 | 十一月後 戌亥 | 戊辰 甲正十一甲 | 癸酉 | 戊寅 | 癸未 | 戊子 | 癸巳 |

| | | | | | |
|---|---|---|---|---|---|
| 辰 | 甲午 | 乙未 | 丙申 | 丁酉 | 戊戌 |
| 巳 | 己亥 | 庚子 | 辛丑 | 壬寅 | 癸卯 |
| 寅 | 甲辰 | 乙巳 | 丙午 | 丁未 | 戊申 |
| 卯 | 己酉 | 庚戌 | 辛亥 | 壬子 | 癸丑 |
| 子 | 甲寅 | 乙卯 | 丙辰 | 丁巳 | 戊午 |
| 丑 | 己未 | 庚申 | 辛酉 | 壬戌 | 癸亥 |

旬空ハ空無ノ義ニテト筮ニハ甚妙用アルヿナリスヘテ目前當坐ノヿヲ占フニ用神旬空ニアフハヨロシカラスタトヘハ人ヲ訪ヒ尋ルニハソノ人他行シテヲラス或ハ出會セス物ヲ求ルニハソノ物ナク人ニ託スルニハソノ人ウケガワス又ハ誠ナキ類ナリシカレ𪜈後来ノヿマテヲ占フ寸ハ

フノ旬空ヲ出テ後ニ應スルナリコレヲ時ヲ待テ用ヲナスト云シカレ𪜈月日又ハ動爻ヨリ克シテコレヲ生スルモノナキノ旬空ニアフ寸ハコレヲ到底空ト云又眞空ト云時過キテモ應スルヿナシ凡凶卦ニアヘハ用爻ノ旬空ヲヨシトス禍アリトイヘ𪜈免ル、ユヘナリ吉卦ニアヘハ用爻ノ旬空ヲ忌ム福アリトイヘ𪜈ウクルヿ能ワサルユヘナリ

## 月破

月破トハ月建ニ冲破セラル、ト云義ニテ月建ト相冲スルノ爻ヲ云寅ノ月ニハ申ヲ月破トシ卯ノ月ニハ酉ヲ月破トスル類ナリコレ亦妙用アルヿ旬空ノ次ナリ月破ノ爻發動シテ他爻ヨリ生スルノミニテ克スルヿナケレハソノ月ヲ

出テ應スルナリコレヲ出破ト云又六合ニアフテ應スルヿアリコレヲ合破ト云又ソノ月ニアタリテ應スルヿアリコレヲ塡實ト云モシ動カスシテソノ上日月又ハ動爻ニ克セラレテコレヲ生スルモノナキ時ハコレヲ到底破ト云亦真破ト云出破合破塡實シテモ應スルヿナシ○スヘテ月建ハ節氣ヲ用ルユヘ二月初旬ニ占フテモイマタ二月ノ節氣ニ入ラサレハ寅月トスルナリソノ餘ノ月々何レモ暦面二十四氣ノ節氣ニ從フヿユヘ閏月ナレハ上半分ハ前ノ月ノ干支ヲ用ヒ下半分ハ後ノ月ノ干支ヲ用ルナリ

### 大歳并歳破

大歳トハソノ年ノ十二支ヲ云前年ノ冬十一月中ノ時ヨリ

コノ年ノ冬十一月中ノ前マデ十二箇月ノ間ナリコノ年十一月中ヨリ後ハ明年ノ十二支ヲ用ユルナリ冬至一陽来復ノ時ヲ以テ明年ノ首トスルナリ

凡大歳ハ常王ノ象トスルユヘ甚重シトイヘ𪜈尋常ノ占ニハ深ク拘ハラズ如何トナレハ其位甚貴クシテコノ政令ヲ月日ニ託シテコノ事ナミツカラセサルユヘナリ身命年寿等ノ占ニハ必コレヲ論スルナリ○凡大歳忌神ニツキテ發動シ世爻卦身又ハ用神ヲ沖克スルハ災厄アリトス故ニ安静ニヨロシモシ原神ニツキテ世爻卦身又ハ用神ヲ生合スルトキハ吉事アリトス故ニ發動ニヨロシ○動爻ノ大歳ヲ沖スルハコレヲ犯上トヨ名ツク内外公私慎ムヘシ○大歳用神

ニ臨ムハ何事ニテモ朝廷ニカヽリアフトス

## 進神退神

進神退神ヲ論スルハ何レノ爻ニテモ動キテ同氣ニ變シタル寸ノヿナリタトヘハ寅ノ爻動キテ卯ニ變スレハコレヲ進神ト云卯ノ爻動キテ寅ニ変スレハコレヲ退神ト云寅ト卯ト同シク木ニ屬シテ同物ニ變動スルユヘナリ子ノ爻亥ニ變スレハ退神トシ亥ノ爻子ニ變スレハ進神トス下ノ圖ニ詳ナリ○進神ニ三様アリ一ニハ旺相スル進神ハ即時ニ進ム二ニハ休囚スル進神ハ時ヲ待テ進ム三ニハソノ動キタル爻カ又ハ變シタル爻ノ内ニ旬空月破六冲六合ニアフ爻アル寸ハソノ時ヲ待ツテ進ムナリソノ時トハ旬空ニア

ヒタル寸ハ空ヲ出ルノ時月破ニアヒタル時ハ破ヲ出ルノ時六冲ニアヒタル寸ハ六合ノ時六合ニアヒタル寸ハ六冲ノ時ヲ云ナリ○退神ニモ亦三様アリ一ニハ旺相スル退神又ハ日月動爻ヨリ生スルノ退神ハ目前暫時ノフヲ占フニハ退カス二ニハ休囚スル退神ハ即時ニ退ク三ニハ動キタル爻又ハ變シタル爻ノ内旬空月破六冲六合ニアフ爻アレハツノ時ヲ待テ退クナリ

| | | | | | |
|---|---|---|---|---|---|
| 進神 | 亥　子 | 丑　辰 | 寅　卯 | 辰　未 | 退神 |
| | 巳　午 | 未　戌 | 申　酉 | 戌　丑 | |

タトヘハ亥ヨリ子ニ変シ丑ヨリ辰ニ変スル類ハ進神トス丑ヨリ戌ニ変シ酉ヨリ申ニ変スルタクヒハ退神トス

進退神ノ用ハスヘテノ事ノ進退トス故ニ仇神忌神ハ動キテモ退ク寸ハ害ナク進ム寸ハヨロシカラス原神用神ハ進

ムハヨロシ退クハヨロシカラスタトヘハ病ヲ占フテ官鬼ノ用爻動キテ進神トナルハ病マス〻進ムトス退神トナルハ病勢衰ルトスルノ類ナリ

一反吟

反吟トハ反覆シテ呻吟（サマヨフ）スルノ義ナリ爻ノ反吟卦ノ反吟ノ両様アリ爻反吟ハ坤ノ卦巽ニ變シ巽ノ卦坤ニ變スルヲ云坤ノ卦巽ニ變スルハ酉ノ爻ハ卯ニ變シテ相冲シ亥ノ爻ハ巳ニ變シテ相冲ス巽ノ卦坤ニ變スルハコレニ反ス何レモ物ノ事反覆スルユヘヨロシカラストス但用神冲克ニ變セサル寸ハ物ノ事終ニハ成就スルコトアリ卦反吟ハ離ノ卦坎ニ変シ坎ノ卦離ニ変シ震ノ卦兌ニ變シ兌ノ卦震ニ変シ乾ノ卦

巽ニ變シ巽ノ卦乾ニ變シ坤ノ卦艮ニ変シ艮ノ卦坤ニ変スルヲ云何レモ方位相反對スルナリ占法ハ爻反吟ト同シ

## 伏吟

伏吟トハ伏藏不動シテ呻吟憂鬱スルナリ乾ノ卦震ニ變シ震ノ卦乾ニ變スルヲ云他卦ニハナキヿナリ外卦ノ乾ノ卦震ニ變スレハ戌ノ爻變スレ𪜈ヤハリ戌トナリ申ノ爻變スレ𪜈ヤハリ申トナリテ動キテモ動カサルカ如クナルナリ又内卦ノ乾ノ卦震ニ變スレハ辰ノ爻ヤハリ辰ニ變シ寅ノ爻ヤハリ寅ニ變スルナリ震ノ卦乾ニ變スルモ亦同シヿナリ凡内卦ノ伏吟ハ内事ニ不利外卦ノ伏吟ハ外事ニ不利トス凡伏吟ニアヘハ何事モ意ノ如クナラス官途ヲ占フニハ

久シク沈滞シ賣買ヲ占フニハ本利共ニ損失アリ家宅ヲ占
フニハ遷徙スルヿカナワズ昏姻ハ成就シ難ク旅行ニハ障
アリ出行人ハ旅中ニテ苦労ノヿアル類又ハスヘテノヿ彼
ノ心ニカナワサルカ我カ心ニ應セサル類ナリ

三合會局

寅午戌火局　己酉丑金局　申子辰水局　亥卯未木局

タトヘハ寅午戌ノ三ツ月日又ハ動爻ニアラハル丶寸ハ三
ツノ者聚リテ火勢ヲ助クルユヘ徒黨ヲナスカ如クニシテ
四時休囚ノ時ヲ論セス必盛ナルナリモシ一爻靜ニ二爻發
動スレハ靜ナル爻ノ日丶ニ値フ寸ニ應ス或ハ一爻靜ニシテ
旬空ニアフカ動キテ旬空ニアフカ變シテ旬空ニアフカノ

寸ハ出空ノ時ヲ應スモシ旬空ニシテ合ニアフカ靜ニシテ
合ニアフカ動キテ合ニアフカ寸ハ冲スルノ時ニ應ス又ハ合ニ
變シ或ハ日ニ合シ又ハ墓ニ變シ或ハ墓スル于日上ニモ亦冲スル
ノ時ニ應スコレ三爻ノ内一爻病アリ其二爻ハ病ナキモノ
ヲ云モシ絶ニ變シ或絶スル于日上ニモノハ生スルノ時ニ應スコ
レ亦主爻ノ内一爻病アルモノヲ云

## 十二運

下ニアル圖ノ如ク寅ノ日ニ占ヒ得タル火爻ハ長生ス于日ニト
云卯ノ日ニ占ヒ得タル火爻ハ沐浴ス于日ニト云辰ノ日ニ占ヒ
得タル火爻ハ冠帶ス于日ニト云餘ハミナ例シテシルヘシ此十
二運ハ日辰ノ十二支ハカリヲ用ヒテ年月ノ十二支ハ取ラ

爻故ニ寅ノ年寅ノ月ニ占ヒタル火ノ爻ヲ長生于年上長生于月上ト云ヿハナシ且十二運ノ内尤重ンスルモノハ長生墓絶ノ三ツナリ此三ツハ變爻ニモ用ルヿアリタトヘハ午ノ爻變シテ寅トナル寸ハ長生ニ変スト云午ノ爻変シテ戌トナル時ハ墓ニ變スト云亥ニ變スル寸ハ絶ニ変スト云凡長生ハ根ノ深キ義アリ墓ハカタツキテ動カサル意アリ絶ハ廃絶シテ興ラサル意ナリコノ外沐浴ハ裸体ニシテ耻ナキユヘ婚姻ニ忌ム胎ハ産育ヲ占フニ用ル類ノミニシテサセル妙用ハナシトシルヘシ

| | 長生 | 沐浴 | 冠帶 | 臨官 | 帝旺 | 衰 | 病 | 死 | 墓 | 絶 | 胎 | 養 |
|---|---|---|---|---|---|---|---|---|---|---|---|---|
| 金 | 巳 | 午 | 未 | 申 | 酉 | 戌 | 亥 | 子 | 丑 | 寅 | 卯 | 辰 |
| 木 | 亥 | 子 | 丑 | 寅 | 卯 | 辰 | 巳 | 午 | 未 | 申 | 酉 | 戌 |
| 水土 | 申 | 酉 | 戌 | 亥 | 子 | 丑 | 寅 | 卯 | 辰 | 巳 | 午 | 未 |
| 火 | 寅 | 卯 | 辰 | 巳 | 午 | 未 | 申 | 酉 | 戌 | 亥 | 子 | 丑 |

## 長生墓絶

長生墓絶ニ各三様アリ長生ハ日上ニ墓ハ日上ニ絶ハ日上ニコレ一ナリ長生ハ飛神ニ墓ハ飛神ニ絶ハ飛神ニコレ二ナリ動キテ長生ニ變シ（亥ノ爻申ニ変シ午ノ爻寅ニ変スルノ類ナリ）動キテ墓ニ變シ（亥ノ爻辰ニ変シ午ノ爻戌ニ変スルノ類ナリ）動キテ絶ニ變スルコレ三ナリ（亥ノ爻巳ニ変スルノ類）

ナリ凡用神墓絶ニアフトイヘ𪜈救フモノアル寸ハ大害ナシ又忌神長生ニアフトキハ禍アリトス然レ𪜈事ニヨリ時ニヨリ一定ノ法ハナシヨクヽ活用スヘシ

## 三刑

三刑ハ用神休囚シテソノ上他爻ヨリ克セラルヽニコノ三刑ニアフ寸ハ凶災アルナリモシ卦中ニ三刑ソナワリテモイツレモ發動セス又ハ用神休囚セス克ニアハサル寸ハ三刑ニアフトイヘトモ凶災ナシ又断易易冒等ニハ六害ト云フアリサレ𪜈シハヽ試ルニソノ験ナキユヘ今コレヲ用ヒス

寅巳申相刑　丑戌未相刑　卯子相刑　辰午酉亥自刑

相刑スト八タトヘハ寅ノ爻動キテ巳申ヲ刑シ巳ノ爻動キ

テ申寅ヲ刑シ申ノ爻動キテ寅巳ヲ刑スル類ヲ云自刑トハ辰ノ爻動ケハ自ラ我ヲ刑シ午ノ爻動ケハ自ラ我ヲ刑スル類ヲ云

## 諸星

| | 甲 | 乙 | 丙 | 丁 | 戊 | 己 | 庚 | 辛 | 壬 | 癸 |
|---|---|---|---|---|---|---|---|---|---|---|
| 天元祿 | 寅 | 卯 | 巳 | 午 | 巳 | 午 | 申 | 酉 | 亥 | 子 |
| 羊刄 | 卯 | 辰 | 午 | 未 | 午 | 未 | 酉 | 戌 | 子 | 丑 |
| 貴人 | 午 | 子 | 亥 | 亥 | 午 | 子 | 午 | 午 | 卯 | 卯 |
| | 未 | 申 | 酉 | 酉 | 未 | 申 | 寅 | 寅 | 巳 | 巳 |

タトヘハ甲ノ日ニ得タル卦ニ寅ノ爻アレハコレヲ天元祿ト云卯ノ爻アレハコレヲ羊刄星ト云午ノ爻又ハ未ノ爻ア

レハコレヲ貴人星ト云乙ノ日ニ得タル卦ニ卯ノ爻アレハ天元禄星トシ辰ノ爻アレハ羊刃星トシ子申ノ爻アレハ貴人星トス餘ハ推テ知ルヘシ

| | | | | |
|---|---|---|---|---|
| 驛馬 | 申子辰寅 | 亥卯未巳 | 巳酉丑亥 | 寅午戌申 |
| 劫殺 | 申子辰巳 | 亥卯未申 | 巳酉丑寅 | 寅午戌亥 |
| 咸池 | 申子辰酉 | 亥卯未子 | 巳酉丑午 | 寅午戌卯 |

タトヘハ申ノ日子ノ日辰ノ日ニ得タル卦ニ寅ノ爻アレハコレヲ驛馬ト云又巳ノ爻アレハコレヲ劫殺ト云酉ノ爻アレハコレヲ咸池ト云餘ハ推シテシルヘシ○貴人天元禄ハ吉星ナリ用神旺相生扶シ且青龍ヲ帯ヒテコレラノ星ニアフ寸ハ身命ナトノ占ニテハ禄ヲ増シ位貴キトシ又原神ニア

ル寸ハ貴人ノ引タヲアルナトヿスル類ナリ○羊刃ハ血ヲ見ルヿヲ主ル凶神ナリ用神刑沖克害ニアヒ且白虎ヲ帯ヒテコレヲノ星ニアフ寸ハ劍難又ハスヘテ身ニ疵ツクヿアルノ類ナリ○驛馬ハ旅行ニ吉トス又待人來ルトス○刼殺ハ非理暴虐ノヿヲ主ル凶神ナリ○咸池ハ男女淫慾ナトノヿアリ昏姻ノヿヲ占フニ青龍ヲ帯ヒテ動ケハ淫夫淫婦トス一名桃花ト云○右ノ外斷易易冒等ノ書ニハ四李天赦。四李亦赦。皇恩貴。天嗣。天耳。天目。天解。喝散。關鎖。旌旗。三丘五墓。喪車。鰥寡。ハ春夏秋冬ヲ以テ分チ福星貴人。喜神。文昌。解神。日解。官事日解。十干天赦。日下火殺。截路空亡。墓門殺ハ十干ヲ以テ分チ天醫。受生。大微垣。活曜。天財。地財。天馬。天牛。天犬。天猪。天鼠。天賊。天罡。河魁。雷火。神。槌。門官府。天獄殺。天賊殺四季天賊殺。天狗殺。勾陣殺。白虎殺。小耗殺。大耗殺。陽神。陰殺。受死。天哭殺。死炁官府。地獄。折煞。浴盆。往亡。覆舟。暗金。荒蕪。月空。月上。五鬼。白浪。天燭。天火。等八十二支ヲ以テ分チツノ外四利三元。四吉星。四極神。四刑殺。鶴神。臨官。天箭等ノ諸星アリテ各ソノ事ニヨリテ病ヲ占フニハ天醫受生ヲ吉星トシ三丘五墓喪車受死沐浴ヲ忌ムトシ旅行ニハ往亡ヲ忌ミ舟行ニハ覆舟白浪ヲ忌ミ家宅ニハ天火天燭ヲ凶トスル類甚多シテ枚擧ニ暇アラス然レ𪜈用神ノ生克ニヨリテ推ス寸ハ吉凶ノガルヽ所ナシモシ用神克害刑冲シテ生扶拱合スルモノナキ寸ハ吉星アリトイヘ𪜈吉トセス用神旺相生扶拱合シテ克害刑冲ス

ルモノナキ寸ハ凶殺ニアタルトイヘ𪜈凶トセス畢竟ニナ
拘ルヘカラス故ニ今用ル所ハ前ニ掲クル五六法ニ過キス
シテコノ五六トイヘ𪜈生克合冲等ヲ以テ推シテ吉ナル寸
ハ吉神ヲ帯レハ吉トシ凶ナル寸ハ凶神ヲ帯レハ凶トス深
ク拘ルヘカラス

六神亦六獣𪜈云

甲乙青龍　丙丁朱雀　戊勾陳　己騰蛇　庚辛白虎　壬癸
玄武

コレハ占フ日ノ十干ヲ卦ノ下ヨリカソヘテ配スルナリ
タトヘハ甲乙ノ日ニ占フタル卦ナレハ
上爻玄武五爻白虎四爻騰蛇三爻勾陳二爻朱雀初爻青龍

又丙丁ノ日ナレハ
上爻青龍五爻玄武四爻白虎三爻騰蛇二爻勾陣初爻朱雀
餘ハコレニ例シテシルヘシ
六神ノ用ハスヘテ物ノ性情ヲ察スルニ用ユ又下ニ詳ナリ
青龍 多仁ノ神トス　モシ用神ニツキテ動クハ凡吉トス
○仇神忌神ニツキテ動クハ凡不利トス或ハ酒色ノ災アリ
モシ發動シテ用神甚盛ナルハ金銀ヲ得ルカ又ハ祿ヲ増ス
類ノ悦アリ又日辰月建ニ臨ミテ動クモ亦同シ○家宅ヲ占
フニ妻財爻ニツキテ旺相シテ盛ナル時ハ富ヲ致スノ象ア
リ○走リ人ヲ尋ルニ用神動カスシテ青龍ニツキテ世爻ヨ
リコレヲ克スル寸ハ芝居又ハ酒店ナトニテ捕ルヿアリ

朱雀　兄弟ニツキテ動ク時ハ口舌トス○日辰月建ニノツミテ動ク時ハスヘテ事ヲナスニヨシ○動キテ卦身又ハ世爻用神ヲ生スルハ公邊ノ事ニヨシ又文書ノ類手ニ入ルトス○午ノ爻官鬼ニツキテ動ク寸ハ火ヲ慎ムヘシ但水ノ爻ニ化スルハ災ナシ

勾陳　動キテ用爻ヲ生スルハ吉○動ク時ハ土地田畑等ノ憂アリ○土爻ノ官鬼ニツキテ動ク時ハ祈禱ノ吟味アリテモヨシ○モシ空亾ニアヘハ田畑不熟トス又忌神ニ臨ハ艱難困苦ス○強盛ニシテ世ヲ克スルハ公邊ノ事ニ拘ハリ滞ル事ナトアリ○病ヲ占フ事ニハ浮腫ノ類トス

騰蛇　日辰月建コレニ臨ミテ動ク時ハ怪事多シ○スヘテ

怪異ノヿトス又驚クヿアリ○怪夢陰魔ノ類○官鬼ニツキ
テ用爻ヲ克スルハ憂多シ○寅卯ノ爻ニツキテ空亾ニアフ
テ日辰ヨリ沖スル寸ハ凶又寅卯ノ爻ニツキテ卦身世爻用
神ヲ刑克スルハ自縊ル、ヿアリ

**白虎** 動クハ喪事トス○日辰月建コレニ臨ムハ破財トス
○官途又ハ病占ニ白虎ノ動クハ凶トス○スヘテ用神ヲ生
スル寸ハ吉トス○申酉ノ爻ニツキテ動キテ用神ヲ克スル
ハ世人ノ批判ニアフヿアリ巳午ノ爻ニツキテ卦身世爻用
神ヲ生スルハ吉ナリ○白虎ヲ血神トスルユヘ生産ニハ動
クヲ吉トス○スヘテ勇猛ニシテ殺スヿヲ好ムノ神トス

**玄武** 動ケハ暗昧ナルヿ多シ○官鬼ニツキテ動クハ盜賊

ノ難アリ世爻ヲ生スル寸ハ障ナシ○仇神忌神ニツキテ動クハ姦盗ニアフヿアリ○日辰月建コレニ臨メハ内密ノ障アリ○官鬼ニツキテモ世爻動カスシテコレニ生セラル、時ハ小人ニ交リテモソノカヽリアヒノ難ニアフヿナシ

用神多現

タトヘハ兄弟ヲ用神トスルノ占ニ坤為地ヲ得ルカ如キハ丑爻未爻ト両兄弟アリコレヲ両現トス又坤為地ヨリ地水師ニ變スルカ如キハ師ノ第二爻辰ノ官鬼坤宮ヨリ變スルヲハ兄弟トナシテ用ルユヘニ用神三ツアリ又坤為地ヨリ坎為水ニ變スルカ如キモ坎ノ卦ノ第二第五ハ辰ト戌ニシテ坎ノ卦ニアリテハ官鬼トスレトモ坤為地ヨリ變スル寸ハ

ヤハリ兄弟トナシテ用ルユヘ用神四ツアリ諸卦𪜈ニミナ
コノ例ナリスヘテ如此ノ類ヲ用神多現ト云又重疊𪜈云ナ
リシカレ𪜈ソノ占フ事ニ用ル所ノモノハ必一爻ヲ主トス
ソノ法一ニハ他爻ヲ取ラスシテ世ヲ持スル爻ヲ用ユ二ニ
ハ多現ノ内月建日辰ノ臨ミタル爻アレハコレヲ用ユ三ニ
ハ動カサル爻ヲ取ラスシテ發動スル爻ヲ用ユ四ニハ月破
ニアフノ爻ヲ用ユ五ニハ旬空ニアフノ爻ヲ用ユ易冒等ノ
書ニハ旬空月破ニアフノ爻ハ全クステヽ用ヒス今コノ説
ハ全クコレニ相反スレ𪜈凡卜筮ノ神機妙用或ハ空或ハ破
ノ如キスヘテ病アルノ爻ニアルヿニシテシハ〳〵試ルニ驗
アラサルヿナシコノ理易ノ義ニ深キ者ニ非ンハ遽ニ曉リ

難キヿアリ學者宜ク考フヘシ

用神伏藏

飛神トハ六十四卦ニ配シテアル十二支ノ六親ヲ云伏神トハ六十四卦ニ配シタル十二支ノ内ニ六親ソナハラスシテ本宮ノ六親ヲ用ヒテ用神トナスヲ云タトヘハ天風姤ノ卦ノ飛神ハ父母子孫兄弟官鬼ノミアリテ妻財ノ爻ハナキ故ニ妻財ヲ用神トスルノ占ニハ姤ノ本宮乾為天第二爻ノ妻財寅ニ屬スルヲ用ユ姤ノ卦ノ第二爻ハ亥ノ子孫ナルユヘコレヲ子孫ノ下ニ伏スト云ソノ卦ニアラワレスシテ本宮卦ニアルユヘ伏藏不現ト云ノ意ニテコレヲ伏神ト云ナリ又地雷復ニ父母ナキユヘ復ノ本宮坤為地ノ第二爻巳ノ父

母ヲ以テ伏神トナシコレヲ寅ノ官鬼ノ下ニ伏藏スト云又
天水訟ニ官鬼ノ爻ナキユヘ訟ノ本宮離為火ノ第三爻亥ノ
官鬼ヲ用テ伏神トナシコレヲ午ノ兄弟ノ下ニ伏藏スト云
ソノ餘コレヲ例シテ知ルヘシ

伏神出不出

伏神ハ伏藏シテアルユヘ用ヲナサストイヘトモコレヲ助ル
モノアル時ハ出現シテ用ヲナスコレヲ提拔ト云ソノ法四
ツアリ一ニハ日辰月建ヨリコレヲ生シ或ハ日辰月建ノコ
レニ臨ムモノハ出ルヿヲ得二ニハ飛神ヨリコレヲ生シ或
ハ動爻ヨリコレヲ生スルモノハ出ルヿヲ得飛神ヨリコレヲ生スト云ハ
タトヘハ天風姤ノ妻財寅木第二爻子孫亥水ヨリ生スルカ如キコレナリ又動爻ヨリコレヲ生ストハソノ爻ノ伏スル

所ノ飛神ニアラサル他ノ動爻ヨリ生スルヲ云タトヘハ天
水訟ノ官鬼亥水第三爻ノ下ニアルカ如キモシ第五爻妻財
申金ノ爻動クトキハ
爻ヨリ生スルナリ
動三ニハ日月又ハ動爻ヨリ飛神ヲ沖シ
或ハ克スルモノハ出ルヿヲ得タトヘハ地山謙ノ妻財卯木
第二爻ノ下ニアルカ如キ飛
神ハ午火ノ官鬼ナルユヘモシ子ノ月或ハ子ノ日ニ占ヒ得
タルトキハ午火月建日辰ニ神セラルヽユヘソノ下ニ伏藏ス
ルモノ出ルヿヲ得ルナリ又澤雷隨ノ子孫午火亥水父母ノ
下ニアルカ如キモシ第三爻辰土ノ妻財動クトキハ飛神亥水
父母ヲ克スルユヘ午火ノ伏藏
スルモノ出ルヿヲ得ルナリ
四ニハ飛神旬空月破或ハ休
囚或ハ墓絶ニアフモノハ出ルヿヲ得又伏神出ルヿヲ得サ
ルモノ四ツアリ一ニハ休囚氣ナクシテ日月ニ克セラルヽ
モノハ出ルヿヲ不得二ニハ飛神旺相シテ日月ヨリ飛神ヲ
生シ助ケ伏神ヲ克シ害スルモノハ出ルヿヲ不得三ニハ伏
神墓絶シ于日上ニ又ハ墓絶スル于飛爻ニモノハ出ルヿヲ不得伏神墓ス于飛爻ニ

八山澤損ノ子孫爻申金第三爻ニ伏藏シテ飛神ハ丑土ノ兄弟ナルカ如キコレナリ又伏神絶ス于飛爻ニハ澤雷隨ノ子孫爻午火第四爻ニ伏藏シ飛神ハ亥水ノ父母ナルカ如キコレナリ四ニハ伏神休囚シテソノ上旬空或ハ月破ニアフモノハ出ルヿヲ不得凡用神旺相シテ旬空ニアフ寸ハ出空ノ日ハ提抜シテ出ルヿヲ得ルナリ

### 游魂皈魂

卦ニ游魂皈魂ト云アリ游トハ本宮ヲ出テ他宮ニ出游スルノ意ナリ魂トハ形体ニヤトル所ノ精神ナリ游魂ノ卦ハソノ形体ハ本宮ニアリトイヘ圧精神ハ他宮ニ出游スルナリ乾ノ游魂ハ火地晋兌ノ游魂ハ雷山小過離ノ游魂ハ天水訟震ノ游魂ハ澤風大過ノ類何レモ内卦ハ本宮ノ卦ト反スルナリ納甲世應ノ圖ニテ見ルヘシ皈魂ノ卦ハ既ニ他宮ニ出

游シテ復本宮ニ皈ルノ意ナリ乾ノ皈魂ハ火天大有兌ノ皈魂ハ雷澤皈妹離ノ皈魂ハ天火同人ノ類何レモ内卦ニ本宮ノ卦アリコレマタ納甲世應ノ圖ニテミルヘシ

凡游魂ノ卦ハ心ヲチツカズ又ハ旅行出游ノ義アリ昏姻ヲ占フニ此卦ヲ得レハ家内穩ナラサルカ又ハ離別ニ至ル婢僕ヲ養フニ此卦ヲ得テ世爻ヲ冲克スル寸ハ逃亡スルヿアル類身命ヲ占フニハ生涯ノ内旅行勤番ナトノヿ多キカ又ハ借地借家ナトノヿトス

凡皈魂ノ卦ハ本ニ復スルノ心アルカ又ハ家ニ皈ルガ如キ意アリ逃亡ノ占ニ此卦ヲ得レハソノ人ワカ家ニカヘリテカクル、カ又ハ頻リニ皈ラントスルノ心ヲキザスノ類皆

姻又ハ婢僕ナトヲ養フニ此卦ヲ得テ六爻安静ナル寸ハ水クヲチツキテ動カズトス

皈魂ノ卦游魂ニ變スルト游魂ノ卦皈魂ニ變スルトハ皆右ニ云意ヲ以テ推シテ知ヘシ

本宮顯伏

本宮トハ八純ノ卦ヲ云乾為天兌為澤離為火震為雷ナトノ如キ是ナリ本宮ノ顯ル、トハタトヘハ天風姤天山遯天地否ノ如キハ上卦ニ本宮ノ乾ノ卦アルユヘコレヲ外卦ニ出顯スト云火天大有ノ如キハ下卦ニ本宮ノ乾ノ卦アルユヘコレヲ内卦ニ出顯スト云ナリ本宮ノ伏スルト云ハ風地觀山地剝火地晋ノ如キハ皆乾宮ノ卦ナレ𪜈上下トモニ本宮ノ乾ナキユヘ内卦伏藏ト云ナリ餘ハ皆例シテ知ルヘシ凡本宮ノ顕ル、卦ハソノ事明白ナリトシ伏藏スル卦ハソノ事暗昧ナリトス又逃亡ヲ占フニ本宮顕ル、時ハソノ行キ藏ル、處知リ易ク伏藏スル時ハ知レ難キカ如シ又人物ヲ占フニ本宮伏藏スル時ハ飄泊シテ家ナキカ或ハ旅中勤番又ハ人ノ家宅ヲ借リテ居ル類ナリ餘ハ推シテ考フヘシ

獨發獨靜

凡何レノ卦ニテモタヾ一爻變スルヲ獨發ト云タトヘハ乾為天ノ卦天風姤ニ變スルハ初爻獨發ト云天火同人ニ變スルハ第二爻獨發ト云カ如キ例シテシルヘシ又何レノ卦ニテモ五爻ミナ變シ一爻ノミ變セサルヲ獨靜ト云タトヘハ

乾為天ノ卦地雷復ニ變スルハ初爻獨静ト云地水師ニ變ス
ルハ第二爻獨静ト云カ如キ例シテ知ルヘシ又六爻𪜈ニ變
セストイヘ𪜈ソノ爻ノ内ニソノ占フ日ヨリ冲セラルヽ爻
アルモコレヲ冲動獨發ト云タトヘハ乾為天ノ卦六爻ミナ
不變トイヘ𪜈モシ午ノ日ニ占ヒ得タルトキハ初爻子ノ子
孫ノ爻獨發トシ申ノ日ニ占ヒ得タル寸ハ第二爻寅ノ妻財
ノ爻ヲ獨發ト云カ如キコレナリ凡獨静獨發𪜈ニソノ事ノ
成敗遅速ヲ觀ルニ用ルノミニテ全体ノ吉凶ニ至リテハ用
神ノ生克ニヨリテ考フヘシ易冒等ノ書ニ獨静獨發ハ全ク
周易ノ爻ノ辭ヲ用ヒテ六親生克ニ拘ハラサルト云ハ甚誤
レリ 周易卦爻ノ辭其占フ所ノ事ニヨリテ皆斷 按ニ用ユヘシタヽ独静独発ノミニアラズ

## 盡靜盡發

何レノ卦ニテモ六爻ミナ動カスシテ日辰ヨリ冲セラル、爻モナキ者ヲ盡靜ト云又六爻ミナ動キテ安靜ノ爻ナキヲ盡發ト云凡盡靜ハ花ノツボミタル如ク後吉ヲフクムトス盡發ハ花ノ滿盛ナルカ如ク後ニハ散亂スルノ意アリトス

## 安靜亂動

安靜トハスベテ動カサルヲ云六爻安靜ト云寸ハ即盡靜ト云モ同シコナリ亂動トハ三爻四爻或ハ五爻モミナ動クヲ云五爻ミナ動クハ即獨靜ナリ六爻ミナ動ク時ハ即盡發ナリ凡安靜ノ卦ヲ得テ冲動スルモノナケレハ何事モ平穩ニシテ吉兆トス（冲動トハ日月或ハ卦中ノ爻ニソノ卦中ノ爻ヲ冲スルモノアルヲ云）亂動ノ卦

ハ何事モ平穏ナラズソノ事イロ〳〵ト反覆シテ一定セズ又ハ衆人マチ〳〵ノコトアリトス凡盡發ト亂動トハ三合會局ニアハザルコト少シ又卦ニヨリテ本卦変卦日月ト合セテ會局幾トヲリモアラワル、コトアリソノ強弱ヲ察シテ吉凶ヲ断スルコト肝要ナリタトヘハ未ノ月乙巳ノ日ニ謙之无妄ヲ得ル寸ハ五爻ミナ動クユヘ獨静亂動ニシテ寅午戌ノ火局寅ハ旬空午ハ本卦安静ノ爻并ニ変卦第四爻戌ハ変卦ノ上爻ニアリ亥卯未ノ木局亥ハ本卦ノ第五爻卯ハ旬空未ハ月違ニ臨メリ巳酉丑ノ金局巳ハ日辰丑ハ本卦第四爻酉ハ本卦ノ上爻ニアリ申子辰ノ水局申ハ本卦第三爻子ハ変卦初爻辰ハ本卦ノ初爻并ニ変卦ノ第三爻ニアリコト〳〵ク備リテアリクワシク左ニシルス

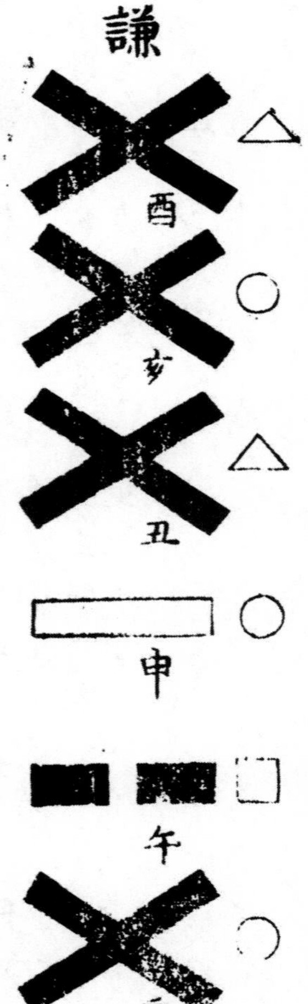


未月乙己旬空寅卯

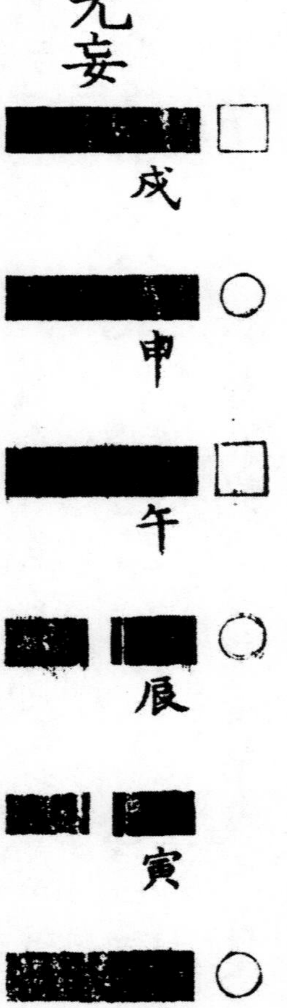


如此ナル時ハ寅午戌ノ火局ハ寅空亡ナルユヘ力弱シ出空ノ時ニ至レハソノ力甚强シ己酉丑ノ金局ハ丑ノ爻日ニ絶シ月ニ破スルユヘ力弱シ出破ノ時ニ至レハソノ力强シ申

子辰ノ水局ハ子ノ爻日ニ絶シ月ニ剋セラレ辰ノ爻日ニ絶スルユヘ時ヲ待トイヘ𪜈カ弱シ亥卯未ノ木局ハ亥ノ爻日冲動散シテ且絶ニアヒ又月建ニ剋セラレ且卯ノ空亡ナルユヘソノ力ナシ出空ノ時ニ至リテ力アリトイヘ𪜈亥ノ爻動散スルユヘ甚弱シトスル類ナリ

回頭生回頭剋

回頭生剋ハ卦爻𪜈ニアルヿナリ卦ノ回頭生ハ乾兌金ニ屬スルノ卦艮坤土ニ屬スル卦ニ變スルカ如キ変卦ヨリシテ本卦ヲ生スルコレナリ又回頭剋ハ乾兌金ニ屬スル卦離ノ火ニ屬スル卦ニ變スルカ如キ変卦ヨリシテ本卦ヲ剋スルコレナリ爻ノ回頭生モ同シ理ニテ亥子ノ爻申酉ニ變スル

カ如キ変爻ヨリ本卦動爻ヲ生スルコレナリ又回頭克ハ亥子ノ爻丑辰未戌ニ変スルカ如キコレナリ凡回頭生克ハ[illegible]常他爻ノ生克ヨリモ力強クシテコトニ克スルモノニ至リテハ徹底克シ盡スユヘ原神用神コレニアフハ大凶トス忌神仇神コレニアフハカヘツテ吉トスルナリ

### 暗動并絆住

凡動カザルノ爻モ日辰ニ冲セラルヽ寸ハコレヲ暗動ト云静トイヘドモ動クトス又發動ノ爻日辰ニ合セラルヽ寸ハコレヲ絆住ト云動キテ動クヿ能ハサルナリ凡暗動ハ合ニアフ寸ハ必動クトシ絆住ハ冲ニアフ寸ハ必動クトス暗動ハ動クヿヲ欲セズシテ動クトス人ニ誘ハレテ游山ニ出ルノ

類ナリ又ソノ事發セズ外面ハ動カズトイヘ𪜈内心ハ動クヿアルトス軍ヲ出サントシテ謀ヲメクラシテ居ルノ類ナリ又絆住トハ動カントシテ止メラレテ動キカヌルトス出ント欲スル寸ニアタリ来客アリテト丶マルカ如シ又動ク心アリトイヘ𪜈果シカヌル意アリ酒客(シャウカク)ノ酒ノ為ニ留連スルカ如シ

合起并冲起

凡動カザル爻モ日辰ニ合セラル丶寸ハ必動クノ意アリコレヲ合起ト云冲ノ時ニ動クヿアリシカレ𪜈暗動絆住ニ比スレハ其勢甚弱シ冲起ハ即暗動ナリ

全動并實

凡空亾ノ爻發動シテ日辰ニ冲セラル、コレヲ全動ト云發動セズシテ日辰ニ冲セラル、コレヲ實ト云全動ハ空亾サル發動ノ爻ト同シ實ハ空亾セサル安静ト同シシカレド久遠ノ事ヲ占フニハ空亾セサルノ爻ニ比スレハ其勢甚弱シトス

## 絶處逢生并克處逢生

スヘテ用神日ニ絶スル寸ハ大凶トストイヘ𪜈モシ又動爻變爻等ヨリ長生スルモノアル時ハコレヲ絶處逢生ト云救フヿアルガユヘニソノ始凶トイヘ𪜈終ニハ吉トス又スヘテ用神月日ニ克セラル、ハ凶トストイヘ𪜈モシ動爻變爻ヨリコレヲ生スル時ハコレヲ克處逢生ト云コレ亦先凶後

吉トスルナリ

合中帯克并合中帯刑ヲ

子ト丑ト合ナレ𪜈子水ハ丑土ニ克セラル、ユヘ吉中ニ凶アリソノ人ニ親シマル、為ニ身ニ禍ヲ受ルヿアルカ如シ卯ト戌ト合ナレ𪜈戌土ハ卯木ニ克セラル、ユヘ同シヿナリコレヲ合中帯克ト云又合ニ克セトモ云モシ旺相シテ月日ノ生扶又ハ動爻ノ助アル時ハ合ヲ以テ断スヘシシカラサル時ハ克ヲ以テ論スヘシコレ子丑ノ合卯戌ノ合ノ二ツニカキリテアルヿナリ◎巳ト申ト合ナレ𪜈巳申相刑スルユヘ吉中ニ凶アリシカレ𪜈申ノ爻巳ニ変スルハ長生ナルカユヘニ刑克ハ軽シ長生ヲ以テ重シトスルユヘ月日動爻

ノ助ナシトイヘ𪜈合ヲ以テ断シ長生ヲ以テ論スルナリ

、寅ノ月日ニ占ヒ得タル時ハ三刑會聚シテソノウヘニハ

寅ニ冲セラル、ユヘ刑克ヲ以テ断スヘシ

冲處逢合ニ并合處逢冲ニ

凡六冲ノ卦ハ冲散スルユヘ萬事順ナラスシテ不吉トス六冲卦ハ八純ノ卦及ヒ天雷无妄雷天大壯凡十卦ヲ云然レ𪜈モシ変シテ六合卦トナルカ六合卦ハ地天泰天地否雷地豫山火賁地雷復澤水困火山旅水沢節凡八卦ヲ云又ハ日辰月建ヨリ爻ニ合スルカタトヘハ乾為天ノ卦ハ六冲ナレ𪜈丑ノ月日ニ占ヒ得タル寸ハ子水ノ子孫ト合ス亥ノ月日ニ占ヒ得ル寸ハ寅木ノ妻財ト合スル類ナリ又ハ動爻変シテ合ニ化スルヘタトヘハ乾為天ノ卦天風姤ニ変スル寸ハ子水変シテ丑土トナル又風天小畜ニ変スル寸ハ午火変シテ未土トナル類子ト丑ト合午ト未ト合ナリコレヲ冲處逢合ト云却テ吉トス凡冲處逢合ニ時ハ

先ニハ散リテ後ニハ聚リ先ニハ難クシテ後ニハ易ク先ニハ疎クシ後ニハ親キナリ○又凡六合卦ハ合聚スルユヘ萬事順成シテ吉トス然レ氏変シテ六冲卦トナルカ又ハ月建日辰ヨリ爻ヲ冲スルカ（タトヘハ地天泰ノ卦ハ六合ナレ氏モシ午ノ月日ニ占ヒ得ル寸ハ子水ノ妻財ヲ冲ス申ノ月日ニ占ヒ得ル寸ハ寅木ノ官鬼ヲ冲スルノタクヒナリ）又ハ動爻変シテ冲ニ化スルカ（タトヘハ地天泰ノ卦風天小畜ニ変スル寸ハ酉金変シテ卯ノ木トナリ亥水変シテ巳ノ火トナルカ如キ酉ト卯ト冲亥ト巳ト冲ナリ）コレヲ合處逢冲ト云却テ凶トス凡合處逢冲時ハ先ニハ聚リ後ニハ散リ先ニハ親クシテ後ニハ疎ク先ニハ易ク後ニハ難キナリ

貪生忘克。貪合忘冲

凡用神ヲ克スルノ爻（即忌神ナリ）發動ヲ忌ムトイヘ氏モシ用神

ヲ生スルノ爻モ即原神ナリ發動スル時ハ却テ吉トス忌神動キ
テ原神ヲ助ルユヘ原神氣マス〻盛ナルユヘナリコレ原神
ハ用神ヲ生シ忌神ハ原神ヲ生シテ忌神ヨリ用神ヲ克スル
ヿハ忘ル、カ如クナルユヘ貪生忘克ト云タトヘハ乾為天
ノ卦世爻戌土ヲ用神トスル寸官爻午火妻爻寅木ノ二爻動
クカ如キ寅木ハタ、午火ヲ生シテ戌土ヲ克セサルナリ○
凡發動ノ爻用神ヲ冲スルハ忌ムヿナレ𪜈モシ其卦中又ハ
変爻ニヿノ發動ノ爻ト合スルモノアル時ハ合スルニ力ヲ
専ラニスルユヘ用神ヲ冲スルヿヲ忘ル、ヲ貪合忘冲ト云
タトヘハ官鬼ヲ用神トスルノ占ニ乾為天ノ天風姤ニ変ス
ルカ如キ子水丑土ニ合スル為ニ午火ヲ冲スルヲ忘ル、ナ

リ

物来リテ尋我ヲ我去リテ尋物ヲ

凡動爻ヨリ世爻ヲ克スルハ己ヲ害スルコトヘ凶トスレドモ人ヲ待チ或ハ物ヲ求ルノ類ハソノ用神動キテ世爻ヲ克スルハ向フヨリ来ル意ニテ物来尋我ト云却テ吉ナリ或ハ動キテ世爻ヲ冲シ動キテ世爻ヲ生合スルモミナ我ヲ尋ル意ニテ遅速ノ別アリトイヘドモミナ吉ナリモシ生セス克セス冲セス合セサルハコレヲ我去尋物ト云フノ物得難キコトヘ却テ凶トスルナリ

反キ徳ニ扶人ヲ

凡用神發動シテ世爻ヲ生合セス應爻又ハ外ノ爻ヲ生合ス

ル八我ノ恩徳ヲワムキテ外人ヲ助ル意ナルユヘ友徳扶人ト云テ凶トスコレ占フ事ニヨリテ己ノ為ニ媒スルノ意モアレ𪜈多クハヨロシカラストスモシ世爻ヲ沖克シテ他爻ヲ助ル寸ハ全ク凶トスルナリ

去煞留恩并留煞害命

凡日辰又ハ変爻ヨリ用神ニ合シテ忌神ヲ沖スルコレヲ去煞留恩ト云忌煞ヲ除キテ我ニ恩ヲ加フル意ニテ萬事ミナ吉トス又用神ヲ沖シテ忌神ニ合スルコレヲ留煞害命ト云忌煞ヲト、メテ我カ本命ヲソコナフト云意ニテ萬事ミナ凶トスコレ何レモ沖處逢合ノ卦又ハ合處逢沖ノ卦ニ多キヿナリ

泄氣

凡用神刑冲克害等ニアハサレハ凶兆ナシトイヘトモモシ發動シテ他爻ヲ生スル時ハコレヲ泄氣ト云テ凶トスモシ原神モ發動シテコレヲ生スルカ又ハ月日ヨリコレヲ生スル寸ハソノ害ナシタトヘハ寅卯ノ月日ニアラスシテ乾為天ノ風天小畜ニ変スルカ如キハ午火動キテ未土ヲ生スルユヘ泄氣トスモシ寅卯ノ月日カ又ハ寅ノ爻發動スル寸ハ生スルモノアルユヘ凶トセス

併不併弁冲不冲

併トハ卦ノ内ニアル爻ニ日月ノ臨ムヲ云亥ノ日ニ占ヒタル卦中ニ亥ノ爻アルハ日併ト云亥ノ月ニ占ヒタル卦ニ亥

ノ爻アルハ月併ト云臨ムト云モ同シ義ナリ併スレ圧不併
トハタトヘハ亥ノ日ニ占ヒタル卦ニ亥ノ爻アリテ用神ト
ナル時日併ユヘ大吉トスレ圧モシ發動シテ墓絶冲克等ニ
変スル時ハ吉ナルヿ能ハザルノミナラズシテソノ日ニア
タリテ却テ凶アリコレヲ日辰変壊ト云○冲スレ圧不冲ト
ハ亥ノ日ニ占ヒタル卦ニ己ノ爻アリテ用神トナル寸ハ日
辰ニ冲セラル、ユヘ大凶トスレ圧モシ又ソノ卦中ニ亥ノ
爻アリテ發動シ墓絶冲克等ニ変スル時ハ巳ノ爻ヲ害スル
ヿ能ハザルノミナラズシテソノ日ニアタリテ却テ吉アリ
コレヲ日辰化壊ト云コレハ何レモ日併ノ爻アリテ發動シ
タル寸ノヿナリ

## 助鬼傷身

官鬼ノ爻發動シ日辰ニ長生シテ世爻又ハ用神ヲ沖克スルヲ助鬼傷身ト云凡ノ占甚凶ニシテ詞訟病症ノ占ニハコトサラ大ニ忌ムヿナリモシ救フモノ多カラザルハ刑罰死亡ヲ免レ難シタトヘハ世爻ヲ用神トスルノ占ニ申ノ日ニ離為火ノ火雷噬嗑ニ変スルカ如キコレナリ

## 隨官入墓

本命ハ人ノ生レ歳ノ十二支ヲ云官鬼ノ爻ニツキテ日ニ墓スルコレヲ隨官入墓ト云凡ノ占ヨロシカラスシテ病占ニハ多クハ死亡ヲ免レスタトヘハ巳ノ年ニ生レタル人戌ノ日ノ占ニ澤地萃ノ卦ヲ得ルカ如キコレナリ

避凶ヲ并避空ニ

凡日月又ハ動爻ヨリ用神ヲ冲克ストイヘ𪜈用神伏藏スル時ハソノ冲克ヲ受ケズコレヲ避凶ト云又用神旬空ニアフテ發動セサレハ伏藏セストイヘ𪜈亦ソノ冲克ヲ受ケスコレヲ避空ト云ニナ凶ヲ免ル、トス然レ𪜈月日忌神ヲ生扶シ又ハ忌神重疊シテ用神ヲ冲克スル寸ハ伏藏ストイヘ𪜈出現ノ時ニ至リテ妻ヲウケ空込ストイヘ𪜈出空ノ時ニ至リテ害ニアフ終ニハ凶ヲ免レス

幹化

幹化ハ十幹ノ合シテ成ス所ノ五行ヲ云ソノ法左ノ如シ

甲己土　乙庚金　丙辛水　丁壬木　戊癸火

タトヘハ甲ノ日ニ己ノ卦ヲ得ルハ（己ハ離ノ卦ノ納甲ナリ）土ヲ成スユヘ金ヲ生シ水ヲ克スル等ノ用アリシカレ𪜈コレハ三合會局等ノ如ク重ク用ルニ足ラズ三刑十二運ナトノ類トシルヘシ

## 陰陽交重

老陽ハ□ヲ畫シテ重ト名ツケ老陰ハ✕ヲ畫シテ交ト名ツク老陽ハ已往ノ事トシ老陰ハ未来ノヿトス又スベテノ陽ヲ男トシスベテノ陰ヲ女トスルヿ胎内ノ男女ヲ辨シ或ハ昏姻ノ成敗ヲ察スル類ニハ甚肝要トスコレ男女ハ陰陽ノ分ニシテ五行ノ數ヲ待タザルユヘ全ク周易陰陽ヲ主トスルノ占法ト同クシテ五行ノ數ニ拘ハラサルナリ故ニ五行

易ノ占法周易ト同シカラザルヿアリトイヘ𪜈ソノ事ニ
リテ全ク周易ノ義ニ通セザレハ的スルヿヲ得カタシ

卦象爻象

卦象トハ乾ヲ天トシ首トシ兌ヲ澤トシ口トシ離ヲ日トシ
目トスルノ類ナリソノ大略下ニアラハス爻象トハ初爻ヲ
下民トシ井トシ二爻ヲ士トシ田地トシ三爻ヲ諸候トシ牀
トスルノ類ナリソノ大略亦下ニアラハス凡易ハ象ヲ以テ
吉凶ヲ示シタルモノユヘ卦爻ノ象明ナレハ納甲生克等ヲ
待タサルヿアリ易冒ノ書ニ仕官ヲ占フニ晋升ノ二卦ヲ得
ル寸ハ納甲ヲ論セス必ソノ升進ヲユルスト云カ如キ是ナ
リシカレ𪜈タヽ晋升ノミナラスタトヘハ天氣ヲ占フテ天

火同人ヲ得ル寸青天ニ白日ノツキタル象ユヘ必晴天トスモシ変スル寸ハ又別ニ断ス又昏姻ノ成敗ヲ占フテ澤雷隨ヲ得ル寸ハ必成トシ事ノ成敗ヲ占フテ水雷屯ヲ得ル寸ハ屯難ニシテ容易ナラストスルノ類モシ変スル寸ハ別ニ断法アリトイヘ圧ミナ卦象ニ明ナルユヘ象ヲ本トシ主トシ納甲ヲ以テ末トシ輔トナス故ニ五行易ノ占法トイヘ圧周易ノ象ヲシラスシテ納甲ノミニ拘ハル寸ハ的セサルヿアリシカレ圧卦象爻象圧ニ天地萬物ヲ包含スルユヘ廣大無窮ニシテコレヲ詳ニスルヿ容易ナラス易ニ志アルモノ朱子本義ヲ主トシ諸家象數ヲ論スルノ諸説ヲ推窮ル寸ハ自然ニソノ大要ヲ得テ中ラズトイヘ圧遠カラザルヘシ今ソノ

ノ略ヲ掲ケテ初學者ニ示ス丁左ノ如シ六十四卦ノ大象ニ至リテハソノ分明ナル者論ヲ待タズトイヘ𪜈初學ノ楷梯トナサンガ為ニ又別ニ一條トナシテ下ニ論ス、

上卦　外　上　天　夜　遠　貴　後　清　動　出　行

上爻　終　後　末　浮　顯　明　開　危　乾

下卦　内　下　地　晝　近　賤　先　濁　靜　入　休

初爻　初　先　本　沈　藏　暗　閉　安　濕

初爻　國中下民　奴婢　趾　首角耳　卯辰　北　地　地

二爻　士太夫有司　子女　腓　前足　已午　中　地　人

三爻　卿大臣諸候　夫　股　身　未申　西　人　天

四爻　公皇女執政太子　妻　身　身　酉戌　南　人　地
五爻　天子王母　母　胸　後足　亥子　中　天　人
上爻　上皇　父　首　尾　丑寅　東　天　天

乾　天　圜　寒　冰　玉　金　君　父　首　馬　良馬老馬瘠馬駁馬
木果　大赤以上說卦傳　龍

坤　地　臣　母　妻　腹　衆　輿　釜　牛　文　布　吝嗇
均以上說卦傳　師　邑　國　城隍

震　雷　大塗　長子　足　龍　馬　善鳴作足馵足的顙　竹　萑葦
稼　玄黃　旉　健　決躁　蕃鮮以上說卦傳　候　長子

巽　風　長女　寡髮　廣顙　白眼　股　鷄　工　市　木

白　臭　長　高　繩直　進退　不果　躁卦　以上說卦傳

月　雨　臀　楊　牀

坎

月　雨　雲　泉　水　溝瀆　中男　加憂　心病　耳痛

血卦　盜　弓輪　輿　馬　豕　赤　隱伏　通　矯揉

以上說卦傳　穴　幽谷　濡　泥　冠　酒　輪　弧矢　桎梏

狐

離

日　明　火　雷　中女　目　大腹　甲冑　戈兵　鼈

蟹　蠃　蚌　龜　雉　木科上槁　乾卦　以上說卦傳

艮

山　徑路　小石　手　少男　指　門闕　閽寺　果蓏

狗　鼠　黔喙　木堅多節　以上說卦傳　童蒙　廬　背　牀

僮僕　丘

兌地澤　少女　妾　巫　口舌　毀折　附決　羊　以上說

卦傳渟洟　眇　跛

五行易指南卷二終

五行易指南卷之三

虎門　皷缶子　述

六十四卦大意上

凡卦ニ象アリ義アリ乾ヲ天トスルハ象ナリ健トスルハ義ナリ今コヽニ論スル所ハ象義ヲ混シテ大意ヲ示スナリ○凡諸卦ニ变スル寸ハ吉凶相反スルヿアリタトヘハ天氣ヲ占フテ乾ノ卦ヲ得タル寸晴明トストイヘ𪜈モシ他卦ニ变スル寸ハ却テ雨フルヿアリ又变ゼストイヘ𪜈五行生克ノ理ニヨリテ雨ト断スルヿアリ故ニ此説ヲヨム者变卦及ヒ日月生克合冲等ノ法ヲ参ヘテ活断スル

新井白蛾先生說選卦ノ上ニ附載ス

百事マチカヒサ、ワリアリ疑惑アリノ迷フトス○人ノ難ヲ蒙ルコヲ防ク、ヘシ

ニアリ徒ニ拘泥スヘカラス

△乾

至尊ノ極至大ノ極至誠ノ極至健ノ極ナル故ニ常人ニハ凶ナリ但大義ノ事ニハ誠アリテ怠ラサレハ必成ル不義ノ事ニハ大凶○小人ニハ病苦劍難或ハ水火盜賊破財等スヘテ意外ノ厄アリ○小人此卦ヲ得ル者貴ヲ特ミ富侈ヲ肆ニシ忌憚ルコナキ象トス後必大禍アリ但其心ヲ改メ謙遜退讓謹畏戒懼シテ惰ルコナケレハ禍ヲ免ルヘシ○スヘテ大望アル意アリ遂ケ難シ但モシ其事天心ニカナフ事ニテ又少シモ怠ラサルナハ成ルヘシ君父ノ仇ヲ報ルカ如キノ類推シテ知ルヘシ○萬事定體ナク又空虛トナル意アリ故ニ労

道ハ坂トス雖
スルヿニ應スヘ

シテ功ナキヿ多シ○スベテ退クニ利シク進ムニ不利○ヤミ難キ事ハ速ニナスヘシ遅ケレハ時ヲ失フ○萬事平穏ナラズ安静ナラズ憂苦アリテ喜ナシ○天時晴明○身命労多シ又大量ノ人手本トナリ貴ハル、人○婚姻不利○胎產不安有無ヲ占フハ孕マズトス○居處不利○仕官忠義ノ心深キ者ハ吉然ラサレハ凶○旅行不利○待人来ラス又遅シ音信ヲ占フハ無シトス○求財得難シ○病凶○失物得難シ或ハ物ニヨリテ諸處ニ散亂シテアルカ○捕逃見難シ人多ク聚マル所或ハ神社佛閣諸ノ役所ナトヲ尋ヌヘシ○訟凶

△坤

柔順ナル者慈悲アル者ニハ百事吉○百事將成ノ兆シカレ

シ○疑惑アリテ決セス変シテ他ノ卦ニユクナハサヽワリアルヿヲ察スヘシ○居ノ答シ圖ヲ上ルノ類平ナレ𪜈動氣ナシ

𪜈時ヲ待テ急ニスヘカラスモシ速ニ成ランヿヲ欲シテ急ニスル寸ハ労シテ功ナシ○常人ニハ大吉トスルニ足ラストイヘ𪜈亦凶禍アルヿ少シシカレ𪜈モシ人ニ乖キ逆フ寸ハ禍アリ○人ノ為ニ労スルヿアリ又人トカヲアワセテ事ヲナス寸ハ終ニ成ル○凡大事変革ノヿハ不利然レ𪜈衆人ノ願フ所ニ従フテ大事ヲ企テ衆人ノ智力ヲ用ヒテ又ソノ事ヲ急ニセサル寸ハ永久ノ大利アリ○凡損財憂苦等ノ事アリトイヘ𪜈皆後ノ利トナル意アリ○天時陰晴又霖雨○身命労多シ又人ニ親シマルヽ人又氣力薄弱ノ人○婚姻平○居處安シ○仕官発達セズトイヘ𪜈年ヲ積ミテ出身スルヿアリ○旅行ヨキ同伴ヲ得レハ吉○待人ヲソシ又来ラス

相談ノ類トリヽマリナキ意アリ○破財ヲツヽミムヘシ○財ヲ求メ事ヲノゾム類ハ小事ハ成ルリタノレ一分ノ爲ニスルヿ又我意ヲ以テスルヿ皆ナラズ

○求財得ルヿアリ急ニスヘカラス○病重シ治スル𪜈長ヌ

○失物見ヘ難シ○捕逃ヒロク尋子サレハ得難シ城下郷村スヘテ平坦ノ處○訟凶或ハ黨類多ク速ニ決セス

△屯

諸事屯難ニシテ時ヲ待テ発達ス急ニスルㇳキハ害アリ○スヘテ事ニ障アリ艱難ヲコラヘテ後栄ヲ待ヘシ妄ニ動クㇳキハ凶○衆人ニスグレタル者ハ必後吉アリ○物聚リ人従フ意アリスヘテ人ヲ助クルㇳキハ吉アリ○居處ノ難アリ○スヘテ物事ヲ改メント欲スル意アリヨロシカラス時過テヨキ機會アルヘシ待ツニヨロシ○天時雷雨又陰ル○身余自在ナラサル人又人ノ首タル人運アシキ人○婚姻不利モシ

變ハ所ノチガヒアルヘシ

此卦ハ童蒙ノ義、ニシテ明白ニ決、断シテト、ノフノナリ難キ卦ナリシカレ𪜈段々ニ童ノ智慧ツク意ニテ次第々ヽニ重キニ向フト

成敗ヲ占ハ妨アリトイヘ𪜈後ニ成ル○胎産必シ難アリ又五六ヶ月マテノ間殊ニ慎ムヘシ○居處意ノ如クナラス○仕官艱苦スルヿアリ○旅行不利舟行大凶スヘテ水難ヲ戒ムヘシ○求財意ノ如クナラス○待人遅シ○病長シ○失物アリトイヘ𪜈得難シ○捕逃得ヘシ水邊ヲ尋ヌヘシ○訟不利或ハ牢獄ニ入ヘシ

△蒙

スヘテ蒙昧疑惑憂愁ノ意諸事不レ決セ思慮定マラス○凡大事不成又急ニスルヿ不利○百事意ノ如クナラス辛苦煩労多シ○飲食男女等ノ欲ニヨリテ憂苦疑惑スルカスヘテ人ニアラワシテ言ヒ難キヿアリ○明智ノ人ニ従ヘハ吉スヘテ

待ノ途中ニ滞ヿアルヘシ

人ノ助ヲカルヘシ獨立スレハ害アリ諸事ヨク思慮シテ誤ラサルヤウニ心カケヘシ○朋友ノ交ヲ擇ムヘシ慎マサレハ害ヲ招クヿアリ○或ハ狐狸ニ魅サレ奸人ニ欺カル丶類ノヿアリ○奸曲不實ノ者ハ百事凶○人ニ疑ハレ或ハ慢ラレスベテ妨アリ○天時陰雨○身命憂多シ又愛ニ溺レタル人○婚姻意ノ如クナラス成敗ヲ占ハ不成○胎産平乳汁多シ○居處意ノ如クナラス○仕官発達セス○旅行不利○求財妨アリ少ク得ルカ○捕逃遠ク去ラズ○失物見ヘ難シ○病長シ欝滞ノ類多シ○待人来ラス小児又ハ門弟ナトノ類ナレハ来ルヿアリ○訟不利

△需

百事待テ後成ル急ニスレハ禍アリ即事ハスヘテ不成○質素ヲ守リ篤實ナル者ハ後吉○人ト事ヲ共ニスル類ハ齟齬スルヿ多シ○争訟ヲ戒ムヘシ○人ニ待タル、人ヲ待ツスヘテ待ツヿアリ○飲食ノヿ又ハ人ニ假リ求ル類ノヿアリ○物ヲ顛倒スル象アリ○巧ヲ用ヒ力ヲ用ヒテ成リ難キヿヲナシテ一旦ノ功ヲ立ルヿアリ永久ノヿハ必不成○天時雲アリテ雨ナシ又夜晴○身命性急ナル人ヒマナル人部屋住ノ類○婚姻凶成敗ヲ占ハ成ラス○胎産平○居處不安○仕官主君ニ厭ハル、カ又禄ヲ増スノ慶アリ○旅行不利賊難ヲ戒ムヘシ○求財少ク得ヘシ○待人時過テ来ル或ハ来ラス○病愈ユヘシ少シ長シ○失物急ニ得難シ○捕逃得難

與ヲ非トセラレ
ヲ專ノ憂トカハ
ルサナレハ万事
ナノニテツヽシ
常ヲ守リテ靜
必轉動スルノ
ナケレノ咎ナシ
○昏ヲ慾ヽ常釜
ヲ敗ル類不利數
ヲ恐ル　ヿアレ
ヘシ

待人不来

シ又尋子来ルヲ待ツヿアリ○訟不利

△訟

百事成ラズ又平穏ナラズシテ憂懼ヲ懐キ心ヲ労スルヿ甚
シ○人ノ疑ヲウクルカ又ハ妨ケラル丶ガ為ニ事成ラザル
ヿ多シ○常人ハ人ノ譏謗ヲウケ親ミヲ失ヒ苦労シテ功ナ
キヿ多シ○細事トイヘ𪜈軽卒ニスレハ敗アリ○争訟ヲ戒
ムヘシ○奸邪ノ人ハ大過アリ○スヘテ待ツ意アリ○天時
雨フリテ速ニ晴ル丶カ○身命憂苦多シ又君父ニソムク人
又ケハシキ人○婚姻凶又不成○胎産平○居處不安○仕官
主君ノ意ニアハザルヿアリ○旅行不利○求財艱苦労動シ
テ得ルヿアリ或ハ不得トス○待人来ル或ハ来ルトイヘ𪜈

物ニ入組テトケカタキ意アリ○事財ヲ求ルノ類大人ハ得ヘシ小人ハナラスシカレトモ人ノ為ニハナリテ自己ノ欲ニセサルハ成ルヘシ

アハサルヿアリ○病治スヘシ○失物ヨク尋スレハ得ルヿアリ○捕逃得難シ遠ク去ルカ○訟不利シカレトモ己レ正シクシテ仁明ノ人ニ聴カル、寸ハ吉ナルヿアリ

△師

常人ニハ凡不吉人ノ師タリ人ノ長(ヲサ)タルホトノ才徳アル者ハ謹畏スレハ平トス○大事ヲ企ル者必艱苦ヲコラヘテ後成就ス○萬事平穏ナラズスヘテ軽シク動クヘカラス又不意ノ難ヲ戒ムヘシ○人ヲ侮リ軽ンシ自ラホコル者ハ凶禍アリ○和順ニシテ争フ心ナキ寸ハ人ニ親シマル、トスシカレトモ相共ニマケザル心ヲ含ム○人ヲ多ク聚ムルヿアリ又人従フノ意アリトイヘトモ其助ヲ得ルヿ少シ○人ヲ欺キ

天時晴ル

昏姻私ニ通スル
ノ口舌アリ妨ア

智謀ヲメクラシ人ヲ害フ類ノヿアリ又人ニ欺カレナヤマサル、ヿヲ戒ムヘシ○モシ不意ノ幸福アラハヨク〳〵吟味アルヘシ却テ禍ノ根トナルヿアラン○女災盗難ヲ戒ムヘシ○争闘アリ又争ニ及ハストイヘトモ相共ニ怒ルヿアリ○スヘテ少シモ正シカラサルヿアレハ必禍アリ○天時雨又陰ル○身命労多シ又人ノ師タリ長タル人又智謀ヲメクラス人○婚姻凶○胎産不安モシ有無ヲ占フハ積塊ナトアリ孕マサルヿアラン○居處不安○仕官大ニ信任セラル、ヿアリ○旅行不利○求財得難シ○待人来ル○病危急トス或ハ長シ○失物得難シ○捕逃ヨク尋レハ得ヘシ湊又ハ其人ノ同類ノ處ニカクル、カ○訟我ノ黨類多キ寸ハ平シカラ

親ル病アリテコ
レニ従ニ見ル所
アリニコレニ至
ルノ意アリ又安
ヲ以テ彼ヲ於ヽ
彼ヲ以テ此ヲハ
リハ義アリ故
ニ小人ハ必疑ニ
迷フノ意アリ必
緊リ先ニ難ミ
後ニ吉

天時フル寸ハ晴
ハ月ハ寸ハ雨

サレハ凶

△比

諸事親和平和ノ意正シキ事ハ急ニスルニ利シモシ疑ヿ心ヲイタキ或ハ怠リテ進マサル寸ハ人ニ踈マレ或ハ事ヲ敗ル○スヘテ半ヲ得テ全ヲ得ザル意故ニ心ニ充タザルヿアリ○万事大禍ナシシカレ𪜈亦大切ヲ立ルヿ少シ○人ノ親ミヲ得又助クル者多シ然レ𪜈十分ノ全功ヲナサス○貴人又ハ高徳ノ人ニ従フニ利シ○スヘテ交ヲ擇フヘシ妄ニ人ニ親ム寸ハ却テ害トナルヿ多シ○破財ヲ戒ムヘシ損失アレハ終ニ復シ難シ○天時陰又微雨○身命人ニ親シマルヽ又萬事自在ナル人又人ノ長タル人○婚姻平吉モシ或敗ヲ

住居安カラスウロイテ後安シ○求財タノソムノ類マニトナレハ人ヨリ我ヲ助クル義アリ

変卦ニ大畜ヲ得ルハ甚シキ苦労アリトシルヘシ○万事トヽコホリシメナキ意アリ隔リヲ救フカナク便ハスヘカラス○今ノ人ハ人ニ仁徳少シ故ニ望事成ヨクテモ破レヤ

占スハ速ニセサレハ敗ル○胎産平又小児病アリ○居處平安○仕官吉○旅行吉○求財得ル○待人来ル音信ヲ占フハ有トス○病重カラストイヘ𪜈大抵長シ或ハ不治○失物見ヘ易シ或ハ減少スルコトアリ○捕逃尋ネ易シ自ラカヘルコトアリ○訟不利又訟ニ至ラヌコトアリ

△小畜

百事滞アリテ成リ難シ又物ニツナカレテ本意ヲ達シカタシ○大才大徳アル者志ヲ遂ケスシテ欝悶ス然レ𪜈終ニハ吉ナリユルヤカニ時ヲ待ツヘシ小人ニハステ凶○諸事心ニ服セサル意アリ又氣ヲツメ心ヲ屈シ或ハ忌ミキラヒイヤト思フ意アリ○半ハ親ミ半ハ疎ンスル意○夫婦相安

スシ

胎盈流産ヲ防キ
[illegible]ヲ加フヘシ
[illegible]不成胎ヲ

セサル意○色ニ溺レ又女ニ惑ハサル丶ヿアリ○天時陰又
風雨○身命志ヲトゲズ快活ナラサル人又養子入聟ナトノ
類或ハ牢獄ニアル人○婚姻男女情欲ノ感深シトイヘ𪜈ス
ヘテ調子合ハサルヿアリテ和合セスモシ成敗ヲ占フハ再
三ニシテ後成ルヘシ○胎産不安○居處意ノ如クナラス改
ルハ利シ○仕官志ヲトケス○旅行障アリ○求財得ルヿア
レ𪜈障多シ○待人来ラス又遅ク来ル○病甚シカラス○失
物見ヘ難シ○捕逃得難シ速ニ尋ヌレハ得ルヿアリ妓館又
寺院樹木シゲキ處○訟不利トイヘ𪜈己正ケレハ終ニ本意
ヲノブルヿアリ

△履

徊者ハ行テソノ處ニ至リ来ル者ハ必集リテ共ニ一應ス○自分ヨリ大ナル望アリド[illegible]ノ○今人ニラ[illegible]ヤ才ノ奈キ[illegible]アレ𪜈害ハナシ礼ヲ斜サレハ後ハ吉○好色ノナヤミアリ又憂悶ノ意アリ○居國ヲ去ル人ノ類遠ク行ニヨロシ

胎孕前ヨリ占ヘハラドロキアリ

スヘテ正事ニハ始安カラサルカ如シトイヘ𪜈終ニハ安平トス○和順温厚ノ者ニハ吉暴虐ノ者ハ禍アリ○進ムニ利シク退クニ不利然レ𪜈其進ムハ必人ニ従フヿシ先タツテ進ムハ不利○禮義作法ノヿ慶賀又ハ謁見等ノヿアリ○スヘテキウクツニ思フ心アリ又アヤブム心アリ○隨跟ノ象○人ノマ子ヲスル意○人ヲ戀ヒ慕フ意○天時陰又雨○身命正シキ人分ニ過キタルヿヲスル人○昏姻聟ノ家夫婦ノ家小ナル類ハ平モシ年配或ハ貴賤敵匹ナル類ハ和セザルヿアリ○胎產平○居處平安○仕官平又君寵ヲウクルヿアリ○旅行慎メハ害ナシ○求財得ル○待人来ル音信ヲ占ハ有トス○病危トイヘ𪜈治スルヿアリ○失物見ヘ難シ○捕

象ヲ論スレハ賊キ者貴キヲ侵倍ス此卦ヲ得ルハ下ルニ宜ク上ルニ宜シカラス貴ヲ減スルニ宜シク益スニ宜シカラス○慢シテ家事女ニ於テ口舌アリ物事ヲイアカズツヽシミラキスヘシ乱アタブロニ平ナヤミゞク諸事表裏、ヨクミユレトモ竟ニヨロシカラス○万事マキレアリテ苦労

逸遠ク去ル心アリ速ニ尋ヌヘシ○訟ヤムヿヲ得スシテ應スル者ハ平我ヨリ起ス者ハ凶

△泰

萬事盛満ノ極奢侈安逸ヲ肆ニシ漸々衰微ニ至リ樂極マリ衰生スルノ兆モシヨク質素勤儉ヲツトメ敬畏シテ惰ヲサレハ長ク保ツヘシ○大徳殊能アル者ハ志ヲトグル小人ハ驕慢放蕩ニシテ禍ヲ買フ○スヘテ和合ノ意百事通達ス○油断ナル意アリ嚴密ヲ心カクヘシ○婦女ノ災ヲ戒ムヘシ○スヘテ減少ニ利シク増益ニ不利○新ニ事ヲ起シ或ハ進ミテ満盈ヲ望ム類ハ終ニ至リテ大ニ敗乱シ身ヲ亡ホシ家ヲ傾クル○天時雨又陰ル○身命安樂ナル人伶俐ナル人○

勞ル(ヘシ)〇頻ニ營
ヘシク過テト、
ノフ丁アラン
婚姻成ルヘシ〇
吉ヲ含ム
心事ヲ求ルマナ
カヒアリ
病不治
遺失盗ニ非シテ
破壊ノ意ヲ帯フ
戒ハ女人老人ノ
懐置ヲ尋ヌヘシ

婚姻平吉聟ノ家婦ノ家ニシカサル者ハ更ニ吉〇胎產平〇居處変動ス改ルニ利シ〇仕官吉〇旅行吉〇求財得ル交易バ利アリ〇待人来ル音信ヲ占フハ有トス〇病愈ヘシ〇失物ヲキタル處ヲチガヘテ忘レタルカ或ハ親シキ婦人老人ナト持去ルカ〇捕逃得難シ或ハ游樂放逸ニ耽リテ歸ラザルカ〇訟大凶

△否

萬事後吉ノ兆即事ハスヘテ滞リテ不成〇人ト合ハズ親シマズ掩ハレ塞カレ志達セスシテ欝悶ストイヘモ将来ニ至リテハ悉ク相反シテ吉トナル〇同類ノ助アルカ如シトイヘモタノムニ足ラス〇大才大徳アル者ニハ吉トスヘカラ

[illegible]ト、ノフヘシ然レ𪜈サ、ワリ遅シ
居ヲ移スノ類吉
事財ヲ望ムノ類先ニ難ク後ニヒ八公ヲ得ヘシ
人ヲ待ナ物ヲ尋ルハアヒ難シ

身退ク意アレ𪜈禍ニハ至ラス○心ヲヤハラタニモチヨク人ニ従ヘ寸ハ立身出世アリ○短氣ナルコヲツ、シムヘシ

スシカレ𪜈君子小人共ニ大凶禍アルコナシ○天時晴○身命運アシキ人忠孝ノ人又君父ニ歒スル人晩年ヨキ人○婚姻平○胎産平○居處平吉○仕官滞ル又人ノ妨アリ○旅行不利○求財終ニ得ヘシ交易利少シ○待人来ラス○病長シ痞塞ノ類多シ○失物見ヘ難シ○捕逃得難シ京師或ハ境ヲ隔テ山河海ナトヲシキリタル處ニ居ル○訟長シ終ニハ平

△同人

公共正直ノ事ニハ順成ス姦邪ノ事ニハ不成ノミナラズ大禍アリ○我慢ノ者ハ衆人ニニクマル、温和正直ノ者ハ衆人ノ助ヲ得テ大切ヲ立ルコアリ○一己ノ私ヲ営ミテ人ノ利害ヲカヘリミズ又ハ密計陰事ハ破レテト、ノハス○人

ノ時雨フル

各國ヲ移スノ類ナヽハリナシ

寛仁明白ニシテ衆人ノ我ニ皈服スルノ卦ナリ當世ノ俗イブクンノ哭徳アラン是凶兆○名アリテ

卜親ミ深キ意○善悪トモニス〳〵テ諸人ノ評ニアヒ又ハ目ニツクコトアリ○立身発達ノ兆○天時晴明○身命人ニ愛セラル、人上ヨリ引立ラレタル人○昏姻吉或ハ婦人不貞ナルカ又ハ再三嫁スルカ○胎産平○居處平○仕官大吉○旅行吉○求財得ル○待人来ル音信ヲ占フハ有トス○病凶○失物見ヘ易シ親シキ人ヲ吟味アルヘシ○捕逃アリ處ヲシルトイヘトモ得难シ同門同志ノ人ス〳〵テ親シキ人ノ處ニヲルカ○訟我ニ少シモ不正ナキ寸ハ吉然ラサレハ大凶

△大有

ス〳〵テ時ヲ得テ寛大豊満ナルノ意ユヘニ貴人又ハ大徳ノ人ニハ吉細民常人ニハ吉ヲ得难シ又人ノ為ニ損財ノ兆ト

彩ナシ小利ニ迷
フヿヲ労スルヿヲ
重メヘカラス○
死喪疾病破財ノ
憂患等ノ兆負債
スヘシ○五爻メ
変スルハ大凶○
心中悩苦ヲイヽ
キ常ニ不安意
天時ハル、寸ヲ
リフル寸ハル、
昏姻ヲソシ女短
氣ナルヘシ
胎産不安又流産
ヲ防クヘシ
居國ヲサルノ類
人ト同居同行ニ
ヨシ
求財ヲ望ムノ類
文学ノヿハ発達
スヘシ世上一様
治情ノヿハ成ガ

ス○繁華充盛トイヘ圧我ノ有トナルヿ能ハス百貨ノ市ヲ流観シテ空ク皈ルカ如キノ意○好色放蕩等ニヨリテ禍アルヿ多シ戒ムヘシ○文学発達ノ兆○天時晴明○身命富ミ栄ル人人ニ貴ハル、人ノ手本ニナル人○婚姻平又婦人驕慢ナルヿアリ○胎産平○居處平吉○仕官発達ス○旅行平○求財得ル○待人来ル○病凶○失物アリ憂ヲシルトイヘ圧得难キヿアリ○捕逃得难シ○訟不利

△謙

萬事先ニ屈ミ後ニ伸ルノ兆正人ニハ大吉トスシカレ圧目前ノ即事ハスヘテ不成○スヘテ心ニ充タス又残念トヲモヿ意傲慢ノ者ニハ萬事缺ルヿ多シ○人ニ従フテ事ヲナシ

如クニシテ成ラ
ス
福ヲ益ノ卦ナリ
又婦ナヤカ如ク
ニシテヨク終ア
リ百事吉○楽甚
唯義ヲ堪忍シテ
自ラ正ヲ守ル寸
ハ不慮ノ好事来
ル
天時雨フル
居國ヲ去ルノ類
先ニ困ミ後ニ栄
フ
此卦ハ悦ノ義ア
リ人立身出世ノ

獨立シ難キ意諸事謙遜退讓ニ利シ○虚妄ヲ見又ハ思ヒヨラサル化物ナトノ象○和順ナレハ必後ニ福アリ○天時陰○身命人ニ愛セラル、人臆病ナル人○婚姻平又淫ニ耽ル意アリ○胎産平ヲソシ○居處意ノ如クナラス又不意ノヿアリ○仕官発達セス○旅行不利○求財人ノ助ケアラハ終ニハ得ヘシ○待人来リ难シ来ルモ遅シ○病軽キカ如シトイヘ圧終ニ重シ○失物思ヒヨラサル所ニアリ容易ニハミヘス○捕逃深クカクル、尋难シ○訟不利シカレ圧事ニヨリ却テ吉トスルヿアリ

△豫

萬事和合悦豫ノ意正人ニハ吉小人ハ怠惰游蕩ノ失アリ戒

悅アリトス○新規ニ物ヲトリ組ム意アリ○怠心ヲ生スレハ擲ク ノヿアリ

遷ヲ去ルノ参トナリニソカニ変動スヘカラスヲソキニヨロシ

婚姻吉但シ妾家テモノイヒアリ又射倖ヲタクス

ムヘシ○徳アリテ久シク沈滞スル者ハ時ヲ得テ発達スルトシ小人操守ナキ者ハ衰落シテ家郷ヲ去リ或ハ身ヲ失ヒ家ヲ敗ルノ兆トス○世ニ名誉ヲ発スル意又スヘテ人ノ耳タツヿアリ○人ニ誘引セラル、意アリ好色遊蕩等ヲ戒ムヘシ○住居ニ労アリ○驚クヿアリ○國家ノ大事臣民ヲ治ルノ類ノ正事ニハ大吉○猶豫不决ノ意アリ○天時晴又雷○身命高名ナル人人ノ信仰アル人サハカシキ人○婚姻平○仕官発達ス○旅行吉○求財前カトヨク企テタルヿハ得ヘシ遷ニハ得难シ○病凶○待人来ル又来ラストイヘ𪜈音信アリ○失物得难シ○捕逃アリ処ヲシルトイヘ𪜈得难シ得ルトイヘ𪜈又逃ル、ヿアルヘシ○訟事ニヨリ平トス

欲ニ従ヒ不義ニ動ク意○心中多情ヲ含ミテ安カラサル意アリ○牛馬ニ物ヲツケテ遠方ニ通スルノ意アリ○願望調フ

遺失婦人トリサル又自身アヤマリ失フ

△隨

萬事和合順成ノ兆然レ𪜈モシソノ事不正ナル𬼀ハ皆禍ヲ買フノ媒トナル慎ムヘシ○動キテ悦フノ意ナルユヘニ時ニ従フテ変動スルニ利シ居ヲ移シ業ヲ易ルノ類又ハ隠居退職ナト皆可ナリ○人ノ奸詐ニ陥ルヿヲ戒ムヘシ○不義ノ財ヲ得又ハ好色ヲ慎ムヘシ又或ハ淫奔ノヿアリ○天時雨○身余世ニカマハヌ人萬事心ノマヽナル人○婚姻吉或ハ男女禮ニ由ラサルノ配偶アリ○胎産平○居處不安変移ヲ占ハ吉○仕官君寵ヲ得ルヿアリ○旅行吉○求財得ル○待人来ル又音信アリ○病凶○失物得难シ或ハ婦人ニ従フテ求ル𬼀ハ得ルヿアリ○捕逃婦女ヲ誘ヒ婦女ヲ慕フテ去

蠱ハ壞ル丶ナリ乱ル丶ナリ又人ヲ惑ハスナリ又乱キワマリテ治ル故ニ事ニ通ス○苦労災难遠キニ非シテ近キニアリ外ヨリ入ラスシテ内ヨリ出ル意ナリ万事ツシムヘシ

舊弊ヲ去ルノ類
行モ止ルモ不利

ルカ急ニ飯ルヿアルマシ○訟平多クハ和シテ訟ニ至ラス

△蠱

萬事敗壞乱逆ノ兆スヘテ内ヨリ禍难ヲ生ス○諸事敗レ終リタル後此卦ヲ得ル寸ハ大徳高才ノ者ハ轉シテ吉ヲ得ルヿアリ常人ニハ能ハザル故大凶トス○女色ニ沈溺シテ身ヲ失ヒ家ヲ敗ルヿアリ戒ムヘシ○父子ノ間ニ労スルヿアリ○萬事不成辛苦甚多シ○病难盗难破財争闘ヲ慎ムヘシ容易ニ免レ难シ○天時大風又風雨○身命身ヲ失ヒ家ヲ破ル人病身ノ人事ヲ任スルオアル人○婚姻夫婦不和或ハ和ストイヘ凡家ヲ破ル○胎産不安臨産ノ占子ニ禍アルヿ多シ或ハ毋ニ害アリ○居處凶○仕官争アリ又事ヲ敗ル或ハ

癸願望スル所アリ百事吉兆○進ンテ物ニ過レ意アリ争論アリツヽシムヘシ○人ニ迷サレテ進ム意アリ故ニ女难ヲツヽシムヘシ○

君臣相疎ンスルヿアリ○旅行不利○求財得难シ○待人大切ノ用事アル者来ルヿアリ○病愈ヘズ或ハ内傷虚損ノ類○失物家内ニアルヿアリ速ニ尋ヌヘシ或ハ損壊シテ用ヲナサス又或ハ遠ク去ル得ヘカラス○捕逃遠ク去ル得难シ或ハ行クヿヲ果サズシテ皈ルヿアリ○訟對决ニ及フヿアリ又遷ニ决シ难シスヘテ不利

△臨

諸事漸々ニ成ラントスルノ兆急ニスヘカラス又剛强ニヨロシカラス○スヘテ隅リテ通スル意仲人牙儈口入等或ハ旁人ヨリ事ヲ妨ル類○正人ハ萬事吉漸々ニ福アリ○人ヲ侮リ軽ンスルヿヲ戒ムヘシ○スヘテ人ノ助アリ又争アリ

凡ノシラヌ色ヿアリ○物ヿ不意ニメ出来スルカ

昏姻ヒ古ヲフクム

居処ヲ去ノ類吉

遺失ヲミタレハ望シ同類アリ

○悦ヒテ順フユヘ聚ル意アリ漸々ニ長ズルユヘ益ス意アリ陽進ミテ聚リ益ス故ニ大ナル意アリ善悪ヒニスヘテ慶ル所ヨリ大ナリトシルヘシ○天時雨又大雷○身命物事ヲ軽シスル人勢アル人○昏姻平○胎産平但起居飲食ヲ慎ミテ小児ニ害ナキヤフニスヘシ○居處心ニカナワストイヘヒ害ナシ○仕官君臣相和ス或ハ上ヲ慢ルヿヲ戒ムヘシ○旅行平○求財得ヘシ人ニ託スルニ利シ○待人来ル又音信アリ○病漸々重シ○失物段々ニ人ノ手ヲ経ルカ速ニ貴クタツヌヘシ○捕逃速ニ尋ヌヘシ遅ケレハカヘラス○訟上ヲ畏レ和柔順正ナル者ハ吉然ラサレハ凶

△觀

乾ヲ賣リ錢ヲ求メ身ヲ飾リ又人ヲ迷ハス意アリ〇從容安寧トテハ心身安穩ナラズ常ニ煩雜ナル苦勞ヲイタクトク又人ノ為ニ迷ヒ損失アルヘシ〇始ハヨク終ハヨカラストスル意ア盜賊ノ類考ノヘシ〇人ニクラマサル、ノ意アリ人ニヨリ考合スヘシ

胎産サシ難
昏姻左右ヨリ含ヲ象ノ意アリ
居ヲ移シ國ヲ去ノ類
其事ヲ求ル類誤

スヘテ衆人ニ觀ラル、意ユヘ高徳殊能ノ者又ハ俳優娼妓等ニハ吉神佛ノ事亦吉常人ハコレニ當ラサルユヘ徒ニ人ノ非判ヲ受ルヿ多シ〇萬事安静ナラス不意ノ労アリ〇小人ヲ相手トスルヿ皆己ノ損トナル慎ムヘシ〇スヘテ周流徧歷ノ意游山玩水ノ出行又ハ賣薬賣茶或ハ諸ノ技藝ヲ以テ諸國ニ徘徊周游スル類ニハ可ナリ〇スヘテ足ヲト、メズカケ流シノ類ノヿニハ吉永ク安静ノヿニハ不利〇目ニ觀テ手ニ入リ難キ意〇天時陰ル又風〇身命貴ヒ仰ガル、人力アル人〇婚姻不利〇胎産平外邪ヲ防クヘシ〇居處不安〇仕官平讒言ヲ防クヘシ〇旅行平〇求財得難シ〇待人来ラントシテ障アルカ又ハ轉メ他ニ赴クカ〇病凶〇失物

[illegible]アリ又ハ婦人ノ防
病治シ難シ又怪異ノ症ナルヘシ
遺失尋ネ難シ或ハ婦人ニヨルヘシ

[illegible]求ノ義アリ[illegible]延ムニ[illegible]退クニ利[illegible]利欲ノ為[illegible]ルコ[illegible]文[illegible]ノ難[illegible]ヘシ

容易ニハ得ズ高キ處ヲ尋ヌヘシ或ハ諸處ニ散乱スルカ○捕逃見ヘ易ク捕ヘ難シ神社佛閣又妓館（ゴヨロヤ）戯場（シバイ）ナト尋ヌヘシ

○訟不利

△噬嗑

百事阻隔辛勤シテ後通スルノ兆○諸事急ニ成ラズーイヘﾄﾓ一旦ニカタツクヘキコハ却テ速ニ成ル○人ヲ叱リ又人ニ叱ラル丶ノ意スヘテ口舌アリ○夫婦ノ爭又女色ノ難スヘテ色情ノコアリ○一旦盛ニシテ後ニ跡ナキ意○爭訟ヲ愼ムヘシスヘテ温和ニヨロシ○飲食ノコアリ○スヘテ永久ノコ反覆スルコドアリ○スヘテ速ニ進ミテ速ニ退クニ利シ進ミテ退カサルト退キテ進マサルト何レモ不利○天時

婚姻口舌ヲ含ム成ルノ兆モアリ居國ヲ移シ國ヲ去ノ類人アリテ妨レ圧識賓ヲ以ヲ求ルハ終ニトクヘシ

遺失ニ人コレヲ失フ争論アリ又ダツヌヘシ

是非マチカヒノ意アリ争論ノ破

烈日ニワカニ雷雨スル又ニワカニハル丶〇身命短氣ナル人一旦盛ニシテ末衰ル人〇婚姻夫婦不和〇胎產不安飲食慎ムヘシ〇居處不安或ハ変動ス〇仕官大ニ発達スルヿアリ又人ニ妨ラル丶ヿアリ〇旅行吉〇求財妨アレ圧得ヘシ〇待人速ニ来ル〇病暴烈ナルモノハ或ハ速ニ愈ルヿアリ烈シカラサルモノハ長シ〇失物遠クサラス速ニ尋ヌヘシ〇捕逃遠ク去ラス速ニ尋ヌヘシヲソケレハ得カタシ〇訟我正シクシテ少シモ非理ナキトキハ吉モシ奸曲アル者ハ大凶

△賁

常人萬事平吉シカレ圧大事ハスヘテ不成〇宮室衣服器財

兆ヲワヽシムヘシ終ニ吉○僅ヲ欧ルニ吉○身分ヨリ大ナルヿヲ欲スレハ必損アリ小ナルニ利し

婚姻成ヘシ又離別ノ意ヲフクム

居國ヲ去ノ類ハ吉

財宝ヲ求ルノ類自身短氣ニテヤ

ヲ飾リ容儀ヲ粧フノ類スヘテ觀義ヲナスノ意アリ○文学ノ事大吉但遠ニ及ハス○是ヲ非トシ無ヲ有トナシ苦ヲ樂トスルノ類或ハ心ニ服セスシテ面ニテ従フノ類アリ故ニスヘテ深ク察シ遠ク慮リテ誤ラサルヤウニスヘシ○短氣ヲ以テ事ヲ破リ或ハマチカヒテ人ト隔タル類ヲ戒ムヘシ○百事目前ニサワリアルヿハ後ニ吉目前ニヨロシキヿハ後ニ散ス○天時雨又先晴後陰○身命義人短氣ナル人文学アル人實少キ人又婦人孕ムヿアリ○婚姻成トイヘ圧終ヲトケス或ハ婦人短氣ナルカ又外睦ク内和セサルヿアルカ○胎産少シ难アリ○居處始吉終平○仕官発達メ吉○旅行吉○求財遅シトイヘ圧得ヘシ○待人来ル遠方ノ人ハ音信

ぜんつアリ

アルヘシ○病甚重シ○失物近キ處ニアリヨク尋子サレハ
ミヘス○捕逃遠ク去ラス文学ノ處又ハ鍛冶鑄物師ナトノ
家ノ内ニ有カ○訟決シ难シ或ハマチガヒノ裁断ナルヘシ

△剥

萬事安静ニシテ時ヲ待ツ寸ハ後吉ノ兆○舊ヲ改メ新ヲ生スルノ意アリトイヘ𪜈只慎ミ守リテ自然ニ時ノ至ルヲ待ツニ利シ速ニ動クハ凶○スヘテ腫物ヲ護ルカ如ク危ブミテ大事トスル意又傾カントスルヲ持チ危キヲ扶クル意○スヘテ改マラントシテ未改マラサルノ界ナルユヘ安心セサル意アリ妄ニ動カスンハ終ニ安堵スヘシ○女难盗难ヲ戒ムヘシ○人ニ妨ケラルヽヿ多シ○時ヲ失ヒ後悔スル意

竈ヲ移シ國ヲ去ル類吉兆アレ𪜈急ナルニヨロシカラス
財寶ヲ求ルノ類十ニ七八分ヲ成ストイヘ𪜈他人ノ爲メニ反覆セラル
遺失空シ

凶年ノ後始テミノリ戰國ノ世ノ平治セシ如ク旧キニ引レテコトヽク平安ナラス故ニ住居安カラス不足ノ意アリ
○凡ヒ卦重再ノ

アリ○天時雨○身命衆人ノ上ニタツ人終アシキ人○婚姻不利○胎產凶臨產ノ寸占ハ害ナシ○居處安シ○仕官譴ニアフヿアリ危シ○旅行凶○求財得ルヿアリ○待人來ル○病大凶○失物時過テ得ルヿアリ高キ處遠キ處ヲ尋ヌヘシ○捕逃遠ク去リテ形ヲ改メ業ヲ易ルカヨク尋子ハ皈ルヿアラン○訟決シ难シ或ハ訟ニ至ラス

△復

百事漸々ニ成立スルノ兆シカレ𪜈モシ軽率急遽ニスル寸ハ却テ事ヲ破ル○スヘテ滞リ碍リナキ意トイヘ𪜈再三反復スルヿアリ○スヘテ獨立シテ衆人ニ同カラサル意シカレ𪜈人ノ助アルヿアリ○不意ノ福アルヿアリ○一タヒ敗

意ヲハナレス故ニ事ノ齊々責スルヿアルヘシ然レ圧破レテ又成就ス或ハ改変シテ後成ノ意アリ天時雨フル

居國ヲ去ノ類吉

財事ヲ求ルハ難アレ圧終ニ妨トナラス

史記ニハ无望ニ作ル此代リニコレヲ得ルト云ヤフナル利欲ノ心ナキ意ニテ己カ當然ヲツトメテ

レテ再興スルノ象又一タヒ離レテ又合フノ意○天時再ヒ晴トナリ又再ヒ雨トナル○身命再興スル人獨立スル人○婚姻平○胎產平四五ケ月マテノ間ヲ慎ムヘシ○居處不安トイヘ圧終ニ吉○仕官吉○旅行吉○求財遲シトイヘ圧得ヘシ○待人来ル○病漸々ニ重シ又速ニ愈ルトイヘ圧再発ス○失物得ヘシスヘテ物ノ下ニアルカ○捕逃自ラ皈ルフアリ再ヒ出ツルナラン戒ムヘシ○訟平

△无妄

百事不成又不意ノ禍アリ○虚詐私欲ノ事必禍ヲ受ク一毫モ不正ナク又一毫モ欲心ナケレハ平吉○スヘテ吉凶圧ニ不意ノフアリ逃亡又ハ盗賊火难病难等殊ニ慎ムヘシ○驚

身分外ヲ願ハヌコナリ
物ヲ覆ヒ但ム事アリ故ニ爲事忠ニトヽノハスヽ
思フ丁ハ道シ
推シ強テスレハ却テ災ヲウクヘシ○疑フテ仕損スルコアリ
天晴風アイテハ出ル
昏姻ヲソシ
病人先危ク後安キ意アリ
待フ約諾ノコハ信アリ不意ニ出ルコハ便ナシ
遺失出ヘシ近ク来ル人ニ問ヘシ

クコアリ又恐レ縮マル意アリ○非理ノ争訟ナトニアフコアリ不實不正ナク利欲等ノ心ナケレハ禍ヲ免ル○神佛ノ事忠孝仁義ノ事等誠篤ク義理正シキ事ニハスヘテ吉○分外ノ願ハスヘテ禍ノ根トナルヘシ○天時雷震又思ハザルニ雨或ハ風フク○身命威勢アル人正直ナル人○居處不安○昏姻凶○胎産驚アレ𪜈害ナシ○旅行吉○仕官凶君ノ怒ニアフコアリ○求財己ノ欲ノ為ニ非レハ得ルコアリ○待人待ツすニ来ラズシテ待タサルすニ来ル○病危シトイヘ𪜈治スヘシ又重病速ニ愈ルコアリ○失物思ヒヨラサル人思ヒヨラサル處ヲ穿鑿アルヘシ○捕逃神参リ或ハ罪罰ヲ恐レテ出ル類終ニカヘルヘシ○訟我正クシテ又ヤムコヲ

得ス應スル者ハ平然ラサレハ大凶

△大畜

百事艱难苦行シ時ヲ待テ後達スル意○高才殊能ノ者ハ官禄ノ慶アリ常人ハ諸事滞アリ又ハ忿恨ヲイタクヿアリ○スヘテ我ニカ量アリテモ思フマヽニナリカヌル意○忌ミ悪ミ又ハ欝陶シク思フ意○物ヲ積ミ蓄ヘ聚ムルノ象故ニ久シク修行アル者発達スルヿアリ○急迫ニスレハ破レヲ受ルヿ多シ戒ムヘシ○スヘテ安穏平和ナラス寛緩舒泰ニ心ヲモツヘシ○天時陰リテ雨ナシ○身命性急ナル人富ミタル人心ノマヽナラサル人修行アル人○昏姻不利○胎産平但遅シ○居處不安○仕官滞ル又君ノ心ニカナハサルヿ

平輪ヲツ…シム
ハシ衣ヲ絶ノ意
アリ○物ノ増シ
アイシマル意アリ
トイヘ𪜈又ヤブ
ル丶ノ障アリ

天時雨フル

臥牀ナラス女病
身ナルヘシ
居留ヲ移ス類
アツキニ利ニ安

ノ勢アリ

ヲノレ労メ人ニ従フノ意又ハ頤ニ物ヲ含ムナリ故ニ多情ノ苦労ヲ含ムトシルヘシ○物ノ成就スル卦ナレトモイマ未タキ意アリ急

アリ又或ハ大ニ出身スルコトアリ○旅行大凶○求財得ス○待人来ラス君父師長ノ類ハ来ルコトモアリ遅シ○病長シ終ニ治スヘシ或ハ積塊ナトノ類又治セストイヘトモ死ニ至ラス○失物時ヲ経テ出ルカ家内ニアルコトアラン又庫物置ナト尋ヌヘシ○捕逃遠ク去ラス蔵場或ハ寺院又関所ナトニテ得ヘシ○訟大凶

△頤

萬事滞アリ自在ナラス又大事ハスヘテ通達セス○人ヲ養ヒ人ニ養ハルヽ又ハ自ラ養コトノ意故ニ四民ノ家業ヲツトメ又ハ食客或ハ僧尼丐児等ノ象トス○飲食ノコトアリ又飲食ヲ慎ヘシ○親シキ者ニ離レ居テ養ヒ又ハ養ハルヽコトア

心スル事不利

舊國ヲ去ノ類平ナリ急ナルヿ利シカラス

財華ヲ望ムノ類成ルヘシ然レ𪜈マチカヒ速ニ諧ヒ难シ

リ◯心中ニ含ミテ説出シカヌル意人ヲ怨ミ又ハ戀ヒ慕ヒ或ハ怒リ悪ムノ類◯大口舌アルヿアリ戒ムヘシ◯天時陰又晴◯身余人ヲ養フ人養ハル、人智ヲアラハサヌ人◯昏姻不和◯胎産火シ难アリ又流産ヲ防クヘシ又遅シ◯居處不利數人同居スルカ或ハ一棟ニ數家聚リ居ル類ハ平◯仕宮不利貪ノ為ニスルノミナラハ平◯旅行不利舟行平◯求財得ルヿアリ遅シ急ニスレハ破ル、◯待人来リ难シ又迎ヘテ来ルヿアルヘシ◯病愈ヘス◯失物多タアル物ノ中ニ混スルカ又内外カ上下カ遠ク近クカニワカレくテアルカ◯捕逃大衆入コミタル内ニヲルカ遠ク去ラストイヘ𪜈容易ニ得难シ◯訟决シ难シ或ハ對决ニ及フ不利體卦調ヒ難シ若ニ不足ノ心ヲ抱ク又時自ラヤヽミタ依ル意アリ○住居身心安カラス思慮ダラス迷フ意アリ又危キ意アリ○即事ノ小事ニハ可也○表向ハ宜ク跡ノナキ意アリ○始苦勞アレ[illegible]久シクテ後榮ルノ意アリ○物ゴト不傾ナルヘシ○人ト組合ニスルヿヨロシ

△大過

スヘテ大事不成分ニ過タル重荷ヲ負フテツブル、ノ意ユヘハケシキ辛労アリ小人ハ身ヲ失ヒ家ヲ亡ホスニモ至ルヘシ○スヘテ甚後悔スル意アリ言行共ニ謹ミテ容易ニスヘカラス又分ニ過ルヿ或ハ失策ノ事ヲナシテ自滅ヲ招クノ類ヲ戒ムヘシ○時後ル丶意アリナスヘキホトノ事ハ速ニ行フヘシ○物聚ル意アリ又物漏レ脱スル意アリ又物朽チ敗レテ用ヒ難キ意アリ○大抵進ムヿ利カラストイヘ共ヤミ難キヿハ自ラ我ノ分限力量ヲハカリ又人ノ智力ヲカリ或ハ人ト共ニ力ヲアハセテナスヘシ○色情ノヿアリ○飲食男女ヨリ萬事ニ至ルマテ過度ヲ戒ムヘシ○天時大雨

官國ヲ去ルノ類猶ナシ行ヘシ財車ヲ求ルノ類成ルヘクシテ成ヲス病凶多シ然レ𪜈即病ハ治スヘシ○婦人ノ病ハ月信トヽコホルヿ多シ

此卦ハ難義困窮ノ卦也遠ク住所ヲ去リテ吉○常ニカハリタル怪

又霖雨或ハ大旱○身命家國ヲ亾シタル人辛労スル人大事ヲナシタル人大ニアヤマリタル人○婚姻不利○胎產流產ヲ妨クヘシ產遅シ有無ヲ占フハ孕マス○居處不利○仕官ハケシキ労アルカ仕ソコナヒアルカ○旅行不利○求財成リ难シ○待人時後レテ来ル○病凶或ハ瘡毒ノ類○失物得ルトイヘ𪜈朽千敗ルヽカ速ニ見ヘ难シ○捕逃出テ後悔スルヿアリトイヘ𪜈ヒロク尋子サレハ得难シ水邊又ハ破レタル家ヤシキ或ハ草木シケキ處○訟容易ニ決斷ナシ或ハ時過キ後悔シテ訟ヲヤムルヿアルカ強テ訟ルハ大凶

△坎

萬事艱阻不吉ノ兆スヘテ憂苦多シ○是ニシテ非ニ陷シイ

シキ意アリトシルヘシ病ハ难病不治ノ症○人ノ一人ツレ立テユク意アリ又欠落ヒノ或ハ故ナクシテ出テカヘラザル人ノ類ニ出ル卦也後ニハ居リ所シルヘシ○物ニ鍵前ナトアル意アリ○次第ニ進ム意アリシ思ヒヨラス危難ナル意アリ

老夫婦ノ昏姻ハ吉ナリ其外昏姻ハ見合セテ可

レラル、ノ類スヘテ不意ノ禍アリ○争フテ相闘ヒ又ハ訟ニ及フヿアリ○病难盗难水难ヲ戒ムヘシ○色情ノヿアリ○人ヲ戀ヒ慕フ意アリ又人ニカクル、意アリ○二人水ニ溺ル、ノ象トスルユヘスヘテ相手アルヿハ相互ニ利シカラス爭訟婚配ソノ外人ト事ヲ共ニスルノ類ミナ此意ヲ推スヘシ○スヘテ此卦ヲ得テ禍ニアフ者多クハ排脱シ难キノ禍トナルヘシ○天時霖雨○身命深ク人目ヲシノフ人牢ニアル人女ヲ誘ヒテ出奔シタル人○昏姻大凶○胎產凶或ハ母子トモニ災アリ○居處凶○仕官凶○旅行凶○求財反覆艱阻十ニ二三ヲ得ルカ○待人来ラス遠方ノ人ハ来ルヿモアリ○病大凶○失物穴又ハ物ノスキヨリ下ニ陥ルカ盗賊

■附テ終離別ス百事首アリテ尾ノシ外面盛ニシテ内面衰フ言信ノアリテ心ニ実ナシ○不慮ノ災難又讒言ニアフ意アリ○此卦ハ先凶ニメ後ニ利シキノ義アレハ物ニヨリテ吉事ト成ル意アリ○此

ナラハ一人ニアラスヨク尋スレハ得ルコトアリ○捕逃同伴アルカ或ハ男女誘引シテ去ルカ又ハ仇ヲ子ラフナトノ類容易ニ皈ラス○訟大凶或ハ桎梏セラレ又牢獄ニ入ル類スヘテ不利

△離

萬事急ニスレハ成ルコトアリ遅キ寸ハ変スルノ意○永久ノ事ハ半途ニシテ破ル、コトアリ○一旦盛ニシテ忽衰ヘ始アリテ終ナキ意○剛強ナル者奸巧ナル者ハ禍ヲ招ク柔和貞實ナル者ハ人ノ助ニヨリテ成立スルコトアリ○スヘテハナル、意親戚朋友ニ遠カルノ類○スヘテ附ク意アリ人ヲ擇ヒテ附キ従フ寸ハ永ク離レスシテ吉モシ擇ハサルハ永ク

二十二

卦ハ学者出家トニハ吉トス常人ニハ大抵不利住所ヲ退ソホトノ辛労アルヘシ○罪ヲウケトカニアフヿアリ慎ヘシ○金銀財宝ニツキ損失アリ○口舌ノ憂ヿアリ

天時雨

居圖ヲ失ノ類破財口舌ノ意アレバ一旦ハヨロシ

財事ヲ求ルノ類文字ノ類ハ吉兆其他ハ中途ニサヽワリアルヘシ

遺失女ニ問ヘシワリツケレハ出ズ

シタシムヿ能ハス火ノ木ニツキテモユル意ヲ推シ考フヘシ○スヘテ時ニ随フテ轉変シ常轍ヲ守ラザルニ利シ○文学発達ノ兆殊能ノ者ハスヘテ発達アリ○婦女ノ害ヲ戒ムヘシ○火難ヲ戒ムヘシ○衆人ノ目ニツクヿアリ○天時旱○身命明智ノ人ハゲシキ人○婚姻凶○胎産平○居處凶○仕官讒ニアフヿアリ或ハ轉職ス○旅行平○求財得難シ○待人速ニ来ル或ハ音信アリ○病暴烈シカレ𪜈治スルヿアリモシ久病ハ死ニ至ル○失物速ニ尋レハ得ルヿアリ○捕逃速ニ去ルトイヘ𪜈遠ク逃レズ速ニ尋ヌヘシ○訟平

營ヲ移シ國ヲ去ル類吉兆
財産ヲ求ル類成ルヘシ

## 六十四卦大意下

△咸

百事通達ス人ニ信セラレ人ニ親マレテ助ヲ得ルヿ多シ○他ヨリ吉兆ヲ生スルヿアリ○善悪𪜈ニ心ニイサミスヽム意○色情ノ感アリ○便佞柔媚ノ者ヲミタリニ信スヘカラス害ヲ招クヿアリ○感通感発又感歎ノ意○天時雨○身命忠義孝行等ノ人又好色ノ人○婚姻大吉○居處吉○仕官吉○旅行吉或ハ皈ルヿヲ欲セサル意アリ○求財得ヘシ○待人来ル又来ラストイヘ𪜈音信アリ○病凶或ハ孕ムヿアリ○失物得ヘシ往来又ハ上リ下リスル處或ハ寝處部屋ナト尋ヌヘシ○捕逃皈ラス或ハ音信アリ多クハ遠ク去ルナラ

居安カラス親シキ人ニ相別レ心労憂患ノ兆又破財廃動ノ兆○白事変メ後ヨロシキ事アリ○不慮ノ災难又急速ノ事ヲ慎ム、シ○天時晴

番國ヲ去ルノ類サハリナシ

ン○訟平

△恒

貞實ニシテ守リ固キ者ハ百事平虚妄軽浮ノ者ハ諸事反覆ス○新ニ事ヲ起ス時ハ終ニ改マリ新ニ約ヲ結フ時ハ終ニ変ズル類ノ事アリ故ニスヘテ舊ヲ守ルニ利シ○怨ニ聚リ速ニ散スル意スヘテ離別ノ意アリ○スヘテ人ニ従フテ謀リ人ノ力ヲカル類ニ利シ一己ノ智力ヲ以テスル事不利○天時晴雨𪜈ニツヽキテカハラザルカ又雷雨○身命心身定マラサル人○昏姻平シカレ𪜈モシ不正ノ人ハ離別ニ及フ事アリ○胎産少シ难アリ害ナシ○待人来ル○病重シ或ハ孕ム事アリ又莱ニヨリテ病ヲ動カス事アリ○失物得难シ○

事ノカロキヿニハ用ルモ可也○心ヲ正シクスヘシ身ヲツヽシミ徳ヲカクシテヨシ○スヘテ断絶ノ意トス

天時雨霽ヨリ日ヨリフヽク

居凶ヲ去ルノ類大抵利シカラス財事ヲ求ルノ類妨アリ婦人ヲ忌ム

捕逃得难シ或ハ同伴アリ速ニ尋ヌレハ得ルヿアルヘシ○訟速ニ決スヘシ不利

△遯

百事成ラス労シテ功ナシ或ハ不意ノ禍アリ○諸事退クニ利シク進ムニ不利○スヘテ安穏ナラス身心𪜈ニ労苦ス○讒謗ニアフヿアリスヘテ妨害多シ才徳アル者ハ更ニ凶○スヘテ不幸ノ地ニ居テコレヲ避ントスルニハ平○天時陰又大風アルヿアリ○身命退隠シタル人艱苦シテ志ヲトケサル人○昏姻凶○胎産凶○居處不安○仕官凶○旅行凶但官ヲ休メ或ハ隠道シ又家ニカヘルノ類ノ旅行ハ平○求財得ス○待人来ラス○病凶多クハ死ヲ免レス○失物タツネ

卦ハ盛大ナリ強極ナリ此卦花アリテ実ナキカ如ク大吉ニ似テ吉ニアラス目ニ見テ手ニ空フス○事半ニシテ親ミヲ失フ意アリ○人ノ為ニ屈伏セラレ或ハ恨ミ怒ル意アリ○文藝ノ事ヲ占ハ吉兆○破財ノ兆○此卦ハ又壯周ノ意アリ○天時雨○君國ヲ去ルノ類、平ナリシカレ𪜈進ムニヨロシカ

难シ遠ク去ルカ又高キ處○捕逃得难シ○訟不利

△大壯

萬事穏和ナラス非理暴虐ノヿ又ハ驕擾ノヿアリ○和順卑遜ノ者ニハ平剛強傲虐ノ者ニハ凶禍アリ○スヘテ前後ヲ忘レテス、ム意アルユヘ諸事細ニ心ヲ砕キヨク慮リテ後悔ナキヤフニスヘシ○スヘテ心ニイサミス、ムヿ甚シキ意又ハケシキ意○大ニ人ヲ怒リ大ニ人ニ怒ラル、ヿアリ○ソノ事ニヨリ安固ニシテ動カサル時ハ後ニ自然ニ吉アルヿアリ○スヘテ速ナル意○天時晴又陰又雷○身分微賤ヨリ上リタル人勇猛ナル人○昏姻凶○胎産不安○居處不安○仕官大ニ出身スルヿアリ又大ニ君長ニ怒ラル、ヿア

ラス○胎產安ク
凶雅ムの財爭ヲ
求ルノ類成カ如
クニシテ空シ

住處ノカハル意
アリクトヒ住居
ハ移リカハルヿ
ナクモ身代ノヿ
ニツキ今マデト
コトナル意アリ
吉事ナルヘシ○
願望叶フヘシ凶
シ逢シ○久シク
中絶シタル人ニ
逢フヿアルヘシ
又中アシキ人ト
中ノナラル意ア
リ○晴テ出テ明

リ○旅行慎メハ平○求財得难シ○待人来ラス或ハ速ニ来ルヿアリ○病凶○失物得难シ○捕逃遠ク去ル心アリ得难シ○訟凶

△晋

吉凶善悪ミナ発顕長進スルノ兆又再興ノ意アリ○諸事大抵平吉才能アル者ハ殊ニ吉慶アリ○實義ノ事ハ大抵成ル虚詐奸計ノ者ハ人ニ疎マレ退ケラルスヘテ大凶○正事ハスヘテ進ムニヨロシ○上タル人ノ恩恵ヲウクルヿアリ○人ノ目ニタツヿアリ○天時晴又少シ陰○身命君寵ヲ得タル人文学アル人○婚姻吉シカレモ或ハ離別ニ及フヿアリ○居處不安○胎產平○仕官出身ス○旅行吉○求財得ル○

遠ニ音ヲ出テ楽
遠ム百事吉
人ト音信ヲ隔ツ
ルヿアリ○思慮
安ス住居卑苦
アリ不慮ノ災難
マチカヒアルヘ
シシカレ圧内明
外順フ又平易ノ
義アリトスルレ
フルフ十カレ久
シカラスシテ吉
○人ノウタカヒ
ヲサクヘシ○休
息ノ意アリ
昏姻成ル必ジ○
吉アルヘシ

待人来ル音信ヲ占フハ有トス○病凶○失物或ハ遠ク去ル
トイヘ圧得ヘシ○捕逃得难シ○訟平

△明夷

萬事破レ傷ヒ疵ツキ痛ムノ兆○才智ヲアラワシ発達セン
トスル時ハ却テ大禍ヲウクルヿアリオヲカクシ智ヲ晦マ
シテ時ヲ待ニ利シ○大才殊能アリ又ハ忠孝ノ徳アリテ不
幸ニ陷リテ居ル者此卦ヲ得レハ時過テ必大ニ栄達ス○隠
レテ顕レサルニ利シクヤメテ為サルニ利シ○飢寒ノ苦ス
ヘテハケシキ労苦ニアフヿアリ○不意ノ女难火难剣难ヲ
戒ムヘシ○天時陰雨○身命不幸ナル人トラワレタル人皆
目スヘテカタワノ人○昏姻凶○胎産凶○居處凶○仕官大

万事ニヨルヿ婦人ヲ以テスルノ吉ナリ
ハ安家内穏ナラス憂苦タヘス○争論ヲ防クヘシ女难ヲツヽシムヘシ○婦人多クハ妬ミ淫ナルヘシ○破財ノ兆

凶○旅行大凶○求財难シトイヘ圧終ニ得ヘシ○待人来ラス或ハ遅ク来ル○病大凶危急ノ時ニ占ハ時過テ愈ルヿアリ○失物得ス○捕逃皈ラス或ハソノ人途中难ニアフカ○訟大凶

△家人

小事成ル大事ハ成リ难シ○常人ニハスヘテ安平トス又正シキ者ハスヘテ禍アルヿナシ○人ノ為ニ労スルヿアリ又人ニ助ケラルヽヿアリ○婦女ニツキテ悦アリ又憂アリ○スヘテ人ト親シキ意○情ニツナカレテ決断シカスル意アリ○嫉妬ノ意アリ○スヘテ大禍ナシトイヘ圧女难火难ヲ戒ムヘシ○天時晴○身命柔和ナル人ヨク世話ヲスルタノ

君國ヲ去ルノ類ヨロシカラス

此卦ハ人心相ソムキ違フテ事ヲ成シ难キ卦ナリ然レ𪜈学者ナトニハ時トメ大吉アリトス○心中辛苦多ク又財宝散乱スルヿアリ

モシキ人人ニ愛シ親マルヽ人○昏姻平或ハ嫉妬ノヿアリ
○胎産平○居處平○仕官吉○旅行平或ハ心イサマス○求
財過分ノヿニ非レハ得ヘシ○待人来ル但他人ノ婦女ハ来
ラス○病漸々重シ又内熱虗労ノ類多シ○失物家内ニアル
カ婦女ヲ穿議スヘシ○逃亡尋子ヤスシ又自ラ皈ルヿアリ
火ニ縁アル處ヲタツスヘシ○訟平或ハ久シク决セス又或
ハ和スルヿアリ

△睽

萬事和合セストイヘ𪜈事ニヨリ成ルヿ多シ○凡テ人ト事
ヲ共ニスル類ハ妨アリ或ハ欺ヲ受ルトイヘ𪜈一分ノヿニ
ハ大抵吉兆トス○家内不和或ハ嫉妬猜疑ノヿアリ○志ヲ

シ婦人ヲ占テ此卦ヲ得レハ大ニ其女巧アリ或ハ淫婦女曲ナルヘシ○多クマサカヒ妨アリテ思フコトクス○人ヲアサムキイツハルトシルヘシ○又内悦ヒ外文明ナリ故ニ小事ニ於テ吉也トス和悦ノミニシテ明正ナシ故ニ大事ハナリ難シ然ルニ人ニコヘタル才徳文藝アル人ノ為ニハ大ニ発達トス常人ハタタリ難シ○方圓長短ソムヒテヲソノヿノ用ヲ相通シ鳥ト獣ハシルソムヒテ身

合セテ相反スルノ事ヲナスノ意爺ハ山ニ薪ヲ採リ婆ハ河ニ衣ヲ浣クカ如シ○スヘテ助ル者必シ又親シキ者ニ遠サカルヿアリ○色情ヲ慎ムヘシ○天時一タヒ晴一タヒ雨○身命文学アル人争フ人獨立シタル人○昏姻凶○胎産平○居處不安○仕官凶○旅行吉○求財得難シ○待人来ラス音信ヲ占フハ有トス○病愈難シ○失物得難シ○捕逃得難シ○訟不利

△蹇

百事自在ナラス心ヲ困ムル意シカレ𪜈善人ハ天ノ恵人ノ助ヲ得テ安堵スルヿアリ◎己ノ身正シケレハ身家ヲステヽカヲソヘルモノアリ又人ノ為ニ難義シテ救フヿアリ○

ヲ存ス○向ル意アリ疑フ意アリスヘテ家内安寧ナラス○破財ノ兆○行者ハカヘラス然レ𪜈音信ハアルヘシ居國ヲ去ルノ類ヨロシ胎驚キアレ𪜈サハワリナシ病危キ意アレ𪜈治スヘシ

圖

此蹇ノ卦ハ龍ノ五ヲ失フ意ニテ宝散財貧ニテ辛苦アリ难甚シキ卦ナリ○住所苦労アリ○険ヲ見テ止ルノ卦ナレハ大凶ナシ人ニ逆テ吉○旅行ノ患アルヘシ是モ

安静ニシテ守ル時ハスヘテ大禍ナシ○心ボソキ意又キウクツナル意○天時陰○身命カタワナル人不自由スル人○昏姻不利○胎産不安○居處労多シ○仕官难義多シ○旅行不利○求財得难シ○待人来ラス○病重シ或ハ腰下ノ病○失物得难シ○捕逃遠ク去ラス渡シ場関所ナトニテ得ルヿアリ○訟不利

△解

諸事难ヲ逃レ憂散スルノ兆大要モノ卦ト相對スル意アリ慎マサレハ再モ难ニアフ○安堵シテ怠ル心アリ戒ムヘシ○萬事ヤミ难キヿハ速ニナスヘシ猶豫怠慢スレハ害ヲ生シテ再ヒ補フヿナリ难シ○スヘテ結ボレ取リタルヿハ解

人ニ隨テ吉○願、望訓ヒ难シ然レル後ニハヨロシ○住居难危ニメル身憂苦アリ謀ル處皆空シ衰殺困危ノ卦ナリヨク謀レハ必輔ケ助ル人アリテ終ニ吉アルヘシ○此卦ノ貧富ヲトハス心中困苦アリ疑惑アリトミルヘシ
居圍ヲ去ルノ動動キ难シ良ク後ヨロシ
病占スヘシ
訴訟
物ト相交ル故人ル意アリノ遠方通ニ交ル意アリ○損失アリノ思慮決セス住居安カラス破財ノ

散スル意アルユヘ争訟ノ類ハ消散シテ退キ婚姻ノ如キハ睽テ別ル、ノ類萬事コレヲ以テ推考ヘシ○盗賊ノ戒アルヘシ○ヨキ友ヲ得ルヿアリ○一時當世ニ流行スル意アリ○天時雨又雷雨○身命諸方周游スル人時ヲ失ヒタル人○婚姻凶○胎産平但産後ヲツ、シムヘシ○居處不安○仕官平○旅行吉但盜賊ヲ戒ムヘシ○求財得难シ○待人旅行艱难スルカ又ハムツカシキ用事ナトニテ出タル類ハ速ニ来ルヘシ游山玩水又安樂無事ナル人ハ来ラス○病凶久病ハ愈ルヿアリ○失物見ヘス○捕逃飯ラス○訟平又訟ニ至ラサルヿアリ

△損

兆盗難等ノサハリラ防クヘシ
天時長雨
昏姻後凶
居國ヲ去ノ類ユク処アラハ早ク行クヘシモシ示定ナラハ動クコ勿レ
乱等ヲ求ルノ類ナリソクマチカヒアリ
遺失全ク出ヘカラス

損

後ニ利徳ヲ得ヘカ又ハ誉アルカ何レニモ未ノヨロシキコ有トス
○親子兄弟ナトニ付損アルヘシ然レ𪜈仁義ノ損ハ大益トスル急ニスルコ成ラヌ

百事大抵吉兆○人ヲ恵ムノ心アル者ハ吉人ヲ欺クノ心アル者ハ凶○スヘテ己ニ損アルコ後ノ益トナルコ意アリ○己カ事ヲステヽ人ノセワヲスル類ノコアリ凶ニアラズ○損財ヲ戒ムヘシ○天時雨又大雨ノ時ニ占フハ小雨トナル○身命人ヲ助ケ恵ム人正シクヲトナシキ人○婚姻平吉○胎産平○居處平○仕官升進スルコアリ○旅行平或ハ行クコヲ欲セス○求財得ル○待人来リ難シ女子又ハ賤人ナトハ来ルコアリ○病愈ユヘシ○失物得難シ速ニ尋ヌレハ得ルコモアルヘシ○捕逃遠ク去ヲス速ニ尋ヌヘシ○訟不利

△益

萬事平穏ナラス益ナク損アリ○人トカヲ合セテ事ヲナス

成就スヘシ一度ニテ調ヒ難キヿハ二度モ三度モカヽレハ必成ル○セワクロウ多シ○立身アルヘシ○胎孕不安居圏ヲ去ノ類サハリナシ旅行必シ難アリ

【益】

此卦ハ上下𪜈ニ動テ安徐ナラス故ニ住所安カラス心身定マラスミナ苦ミアリトシルヘシ○思ヒヨラサル害難アリ損込アリ慎ムヘシ○行処アルニハ宜シ旅行吉トス

天時クモル

昏姻養子ヨロシ

ニ利シ○人ノ為ニ罪ヲウケ人ノカニヨリテ功ヲ立ルヿ又ハ己ノ為ニ人ヲ罪ニ陥シ己ノカニテ人ニ功ヲアラハサシムルヿアリ○大事ヲナサントスル者ヨキ友ヲ得ルヿアリシカレ𪜈又ソノ友トスル者ヲ擇ヿヘシ妄ニ親ミヲ結ヒ事ヲ共ニスルハ禍ノ媒トナルヿアリ○人ニ厭ルヽヿアリ○人ノ恩恵ヲウクルヿアリシカレ𪜈報恩ノ志ナキ者ハ終ニ不利○天時雨又雷雨○身命貪ル人心ヲ千ツカヌ人○婚姻不利○胎産平或ハ少難アリ○居處不安○仕官平或ハ禄ヲ増スヿアリ○旅行吉○求財得ヘシ○待人遲ク𪜈来ルヘシ○病重シ或ハ加病アリ又ニワカニ危シ○失物急ニ尋子サレハ在處変シテ見ヘ難シ○捕逃急ニ尋子サレハ遠ク行カ

胎安カラス

此卦ハ剛強ニ過ルノ卦ナレハ性急ニメコトヲ破ルコトヲ慎ムヘシ○又大畜決断ノ人品アレ圧柔和ニメ堪忍スルコトヲ得サルヘシ○人ニ好キキラヒアルヘシ○住処ニ付クロウアルヘシ又心中ニ苦ミテ安カラヌ意アリ○人ト中絶スルコトノルヘシ○疑惑ノ意アリ○破財ノ兆

胎産采ナシ但食物ヲ節ニメ怒氣ヲ発スルコト勿レ惦圓ヲ去ノ類ヨ

深クカクル、カ○訟平

△夬

百事散乱敗壊ノ意○剛強ヲ恃ミ軽率急遽ニスル時ハ大ニ事ヲ敗ル和柔ヲ主トシ重ンシ慎メハ害ナシ○スヘテ心外ニ思フコトアリ堪忍スヘシ人ノ失礼ヲ咎メテ刃傷ニ及フノ類アリ戒ムヘシ○スヘテ身ニ疵ツケ血ヲ見ル類ノコトアリ○女色金銀ノ為ニ身ヲ忘ル、コトアリ戒ムヘシ○スヘテ決断ノ意アリ事ニヨリテ速ニ通達ス○人ヲ押ノケテ我先ニ進マントスル意アリ○文書押印等ノコトアリ○天時陰○身命身ニ疵ツキタル人剛勢ノ人○婚姻不利婦人驕慢不順ナルコトアリ○胎産火シ驚アリ速ニ産ス○居處凶又変動スル

宜シカラス俸禄ヲトロクヿアルヘシ財寶ヲ求ル類ナラス

一陰ニシテ五陽ニ遇ヘハ不貞ノ女ノ如シ故ニ爭アリトシルヘシ○貴人ニ近ツク意アリ又思ヒヨラスシテ會合ス

ヿアリ○仕官君寵ニホコリテ不遜ナルヿアリ又不意ニ出身シテ人ノ首タルヿアリ○旅行吉但剛猛ヲ戒ムヘシ○求財得ヘシ○待人来ル○病速ニ愈ユヘシ又愈ルトイヘトモ或ハ生涯ノ疵トナルヿアリ瘡痕又ハ目盲シ耳聾スルノ類○失物思ヒヨラサル處或ハ高キ處ニアルカ速ニ得ルヿアリ○捕逃遠ク去ル速ニ尋子テ得ルヿアリ○訟速ニ決スヘシ平モシ不正ノ者ハ大凶

△姤

凡小事ニハ可大事ニハ不吉スヘテ不意ノヿアリ善人善事ニハ吉悪人悪事ニハ凶○スヘテ思慮一定セス進マント欲スル意アリ退カント欲スル意アリ又聚マリ生スル象アリ

ルノ意アリ相ダシフヿズヘテ人ニ頼ミヨルフトノフ

散リ亾ル象アリ其事ノ善悪ニヨリテ吉凶ノ應アリ○兮ニ應セサル大望アルヿアリヨク思慮セサレハ大禍ヲウクルヿアリ○ズヘテ始ハ吉ナルカ如クニシテ漸々凶トナル意○不慮ノ福アラハヨクく終ヲ考フヘシ禍ノ本トナルヿアラン○貴人ノ寵ヲウクルヿアリ○女难アリ○天時風アリ又不意ニ雨フルヿアリ○身命上ヲ犯ス人不貞ノ人○婚姻不利婦人不貞或ハ傲慢○胎産平○居處不安○仕官不利○旅行艱难スヘシ又不意ノヿヲ戒ムヘシ○求財得ヘシ○待人来ル○病漸々重シ○失物ヨク尋レハ得ヘシスヘテ物ノ下ナト○捕逃速ニ尋子テカヲ竭サハ皈ルヘシ○訟凶

△革

金銀財宝集マルノ意アレ氏争論ノ障アリ慎ムヘシ○中絶離別ノ人ニメクリアヒ又シタシクナル貴フリ○願望叶フヘシ○婦人ノ妨ヲ防クヘシ○争人ハワカ身賤シケレ氏富貴ノ人ト交ルヘシ王クモツヘシ○此卦添リ富ル卦ナレ氏一切ノ人吉トスヘカラス日々ニ集會シテ市ヲナス者又ソノ地邊ニ住居スル者ニハ吉兆ナシトイヘトモコノ卦出ルヿアリ○私欲ニフケルヿ勿レ

天時雨

百事大抵吉兆シカレ氏スヘテ真偽善悪貴賤賢愚ヲ雑ル意アルユヘ事ニヨリテ取捨アルヘシ○スヘテ繁華賑富ノ意宴饗ニ酒人ノ集マル類スヘテ飲食男女又ハ利欲ノヿニ集マルトス○賭ノ勝負又ハ貫物ヲ雑ヘテ人ニ賣ル意○或ハ泣キ號ヒ或ハ歌ヒ笑フ者アル意○人ニ愛セラレ又人ヲ愛スルヿアリ又人ニ悪マレ人ヲ悪ムヿアリ利欲ヲ貪リ鄙吝ナル者ハニクミイヤシマルヽヿ多シ○一タヒ離レテ復聚マル意再縁或ハ和睦ノ類○天時雨○身命金銀ヲ多ク得タル人ニ愛セラルヽ人○婚姻吉○胎産平産後飲食ヲツヽシムヘシ○居處平吉○仕官吉○旅行凶○求財得ヘシ○待人來ル○病凶○失物物ノ聚マル處ニアリヨク尋レハ得ヘ

居國ヲ去ノ類利シカラス遺失出ヘシヲフケレハ用ニタヽヌモノト成ヘシ

疑フテ決セス常ニ不足ノ意アリ○夫婦口舌アリ積ムヘシ○立身出世ノ事アリテ却テシツカウスルヿアリ

天時雨

旅立宿替吉○居國ヲ去ノ類利シカラス身進マスシテ事ノ前進スルヿヲ思慮スヘシ

財事ヲ求ル成リ難シ久フシテ女ク求ムヘシ

シ○捕逃繁華賑富ノ處ニアルカ皈ルヿヲ欲セスヨク尋レハ得ヘシ○訟黨類多シ又決シ難シ和スルヲヨシトス

△升

萬事漸々ニ吉ヲ得ルノ兆急ニスルハ不利○スヘテ緩ヤカニシテ時ヲ待テバ終ニ成ル○スヘテ進ムニ利シク退クニ利シカラス但遽ニ進ムハ害アリ○スヘテ陽明(アカルミ)ニ向フヘシ陰暗(クラヤミ)ニ向フヘカラス○人ニ物ヲ頼ム類ノヿ順成スヘシ○立身發達ノ兆○スヘテ速ニセサレハ大禍アルヿナシ○天時陰又風○身命立身シタル人苦勞スル人○婚姻後凶○胎產平或ハ毋ヲ剋ス○居處勞アリトイヘ𪜈災ナシ○仕官大吉○旅行吉○待人來ル○求財得ヘシ○病漸々重シ○失物

學者此卦ヲ得ハ吉兆トス○願望叶ヒ難ク大凡凶ナリトイヘ𪜈貴人ノ教ヲ得テ立身出世スル意アリ○此卦ハ困義困窮ノ卦ニノ諸事不自由ニ我志通達セス勤労多キ卦也○住所ヲ離ルヽホトノ辛苦アルヘシ妻子ナトニ付苦労アリ○君臣父子夫婦兄弟ノ中ニ苦

見ヘ難シ時過テ出ルヿアルカ○捕逃得難シ或ハ遠ク去ル遠ク去ラストイヘ𪜈心ニ欲スル所ハ遠カルヘシ○訟久シクシテ後決ス平

△困

萬事困难窮迫ノ意ヌヘテ自在ナラス勞多シ○貴人ノ引タテヲ得ルヿアリ○正人君子ハ目前困苦ストイヘ𪜈後榮アルヘシ小人ニハ凶○家郷ヲ去リテ艱苦スル意○親戚上下ノ間ニツキ労スルヿ多シ○病難ヲ戒ムヘシ○天時雨○身命志ヲトケサル人貧シキ人艱苦シタル人○昏姻平○胎産平○居處不利トイヘ𪜈凶禍ナシ○仕官難義スルヿアリ終ニハ吉○旅行障アルヘシ○求財得難シ勞動シテ女シク得

労タヘ久又ハ破財ノ兆他郷ニ往来シ安居セサルノ意○婚姻アリテワシリナシ○吳卦ハ險ヲ出テ悦アルノ卦也
天時大雨
居處ヲ去ノ類ハマチカヒアリ終ニサハリナシ財事ヲ求ル得ヘシ
困
キウクツナル意アリ○小シク逼シテ大ニ滞ル思慮定マラス居住處變アルヘシ憂ヲフクム意アリ○思慮不動タヨリナキ心アルヘシ然レ圧大ナル災害口舌ハナシ
婚姻口舌ノ兆

ルヿアルカ○待人遅シ○病治スルヿアリ遁病ハ危シ○失物見ヘ难シ遁處ニアルトイヘ圧減スルナラン○捕逃皈ルヿヲ欲セス或ハ遠ク去ルヿ能ハスシテ困苦スルカ○訟不利

䷯井

萬事舊ヲ守ルニ利シク新ニ就ニ不利妄リニ動クハ皆損アリ○安静ニシテ自ラ守リ一己ノ欲ヲ貪ラサレハ人ニ親愛貴重セラル丶○スヘテ同郷或ハ親戚等ト事ヲ共ニシテ私ナケレハ吉○施ヲ好ミ人ヲ恵メハ自然ニ福慶アリ○天時雨○身命代々繁昌シタル人恵アル人○婚姻平○胎産平或ハ少难アリ○遁居處平吉或ハ人ノ為ニ勞スルヿアリ○仕官

[illegible]ニ未ノ類不
利
遺失出ヘシ
井ノ字ハ刑ノ字
ト通ス公事ヿヲ
忌ヘシ刑戮ノ意
アリ

革ハ改ルニヨロ
シ悪ヲ去ノ謂ナ
リ妄ニ変動スル
ヿニ非ス○萬事
改ルニ利シ今マ
テナスヿノ世ニ
用ヒラレサルノ
類ハ速ニ其舊ヲ
ステ新シキヿヲ
ナスヘシ○内ハ
明ニ外說ノ義ア
レハ願望サヽワ
リナシ○仕處タ

滞ル○旅行凶家ニカヘルハ平○求財得ヘシ人ト共ニスルニ利シ○待人来ル○病長シ或ハ痼疾愈ヘス○失物近鄰或ハ親戚ナト尋ヌヘシ得難シトイヘ𪜈補フヿアルカ○捕逃近地或ハ親戚知音等ノ處ニアルカ皈リ难シ○訟凶

△革

萬事改革ノ兆舊ヲ舎テ新ニ就ニヨロシ○小事ハ速ニスルニヨロシ大事ハ漸々ニ行フヘシ始ニ難シトイヘ𪜈終ニ成就ス○不正ノ者ハ漸々衰頽スルノ兆○再興ノ意アリ○ハゲシキ労アリ○色情アリ女難ヲ戒ムヘシ○天時晴ル丶時ノ占ハ雨雨ノ時ノ占ハ晴○身命短氣ナル人美人○昏姻凶○胎産平○居處凶或ハ變動ス○仕官升進ス○旅行吉○求

ロウアリ或ハ晉請ナトノセハアルヘシ○物ノ畫テ始マル意アリ遲シ○爭論ヲ愼ムヘシ○福アレ氏隔ラル丶意アリ

移徙ヲ去ノ類宜シ

婚姻ナルヘシ女タンキ又破敗アルヘシ

待人來リ难シ

鼎

此卦ハ事ヲ改ルニ吉○損失アリ○福ヲ得ヘシ又親シキ友ヲ得ヘシ○住居又ハ文書ノ類口舌アリ愼ムヘシ○恐ルル意ト傷ル意アリ○破財ノ兆婦人ノカアリ

財得ルヿアリ○待人速ニ來ル又約アル者ハ來ラス○病危急免レ難シモシ少シ時ヲ過レハ變シテ平愈ニ向フヿアリ○失物ミヘス○捕逃速ニ尋子サレハ見ヘ難シ然レ氏終ニ皈ルヘカラス○訟凶反覆スルヿアリ

△鼎

萬事変革ノ意成ルヿ多シ○ハゲシキ心労アリ又大ニ騒亂スルヿアリ○大徳殊能アル者ハ家ヲ興シ禄ヲ増ス等ノ慶アリ小人ハ家郷ヲ離レ産ヲ傾ル等ノ凶アリ○人ノカヲ假ルヿアリ人ニカヲフヘルヿアリ○文學発達ノ兆○爭ヲ戒ムヘシ○天時陰○身命カアル人世ニ用ラル丶人○婚姻吉或ハ後ニ離別ノヿアリ○胎産不安或ハ逆生スルヿアリ○

天時明
居国ヲ去ノ類ハサハリナシ同行ハ利シ

此卦ハモト祥福アリテ繁昌ノ卦ナレ𪜈常人ニハ大抵利シカラス声アリノ形ナキノ卦ナレハ吉凶モニ初メキクホトニハナシト知ルヘシ◯仕官ノ人ハ威勢アル人物ニ出ルヿ多シ物ヲ審ニシテ断スヘシ◯物ノ変動

居處不安或ハ變動ス◯仕官吉◯旅行不利◯待人來ル◯病危シ或ハ病症変スルヿアリ◯失物見ヘ難シ又損壊スルヿアリ◯捕逃遠ク去ラストイヘ𪜈皈リ難シ◯訟凶或ハ重刑ヲウケ禄ヲ奪ハル、

△震

萬事大抵凶兆常人ハ性急ニテ事ヲ破ルヿ多シ◯声アリテ形ナキ象ナルユヘ耳ニキケ𪜈目ニ觀ルヿナラスシテ心ヲ動カシ安ンセサル類ノヿアリ◯百事平穏ナラスヘテサハガシキ意◯怒ルヿアリ怒ラル、ヿアリ又怒リテ事ヲ敗ルヿヲ戒ムヘシ◯争論ヲ戒ムヘシ◯虚言又ハ刼シ欺クヿアルヘシ惑ハヌヤウニスヘシ◯驚クヿアリシカレ𪜈サセ来ル事アリ願望障ナリ○旅行アリ○始凶終吉大人ニハ吉○常人ハ性急ニシ事ヲトテス○遠郷ヨリ便ヲキヽイテ虚動シモタヘル意アリ○住居安難ナラス思慮亦安カラス財事ヲ求ル成难シ女シクカヲ得ヘシ居國ヲ去ノ類利シ婚姻両ニ嫁ヲ争フ不利ノ兆待人マタカヘヽリ

艮此卦トルニ利シク進ムニ損アリ又覆居ノ二山重リタル義トス故

ル大禍ニアラストシルヘシ○ヒロク世ニ流傳スルヿアリ○天時大雷雨○身命高名ナル人威勢アル人○婚姻凶○胎産不安或ハ孿生ナラハ害ナシ○居處凶○仕官吉又君上ノ怒ニアフヿアリ○旅行平○求財得难シ○待人來ル來ラストイヘ𪜈音信アリ○病凶○失物得难シ速ニ尋ヌレハ在處ハシルヘシ○捕逃遠ク去ル皈ラス○訟凶

△艮

萬事滞アリテ成ラストイヘ𪜈後吉ノ兆トス○スヘテ静ニ利シク動クニ不利○憂苦欝悶スルヿ多シ○スヘテ世人ニ知ラレサル意○子ヅククドキ意○出テカヘラサル意○損財ヲ戒ムヘシ○天時陰○身命力アル人隠者○婚姻凶○胎

ニ物コト半ハ調ニ半ハ通達シ難シ危キ難義スハ金銀財宝ニ損アリシカレ𪜈外ヨリ救ヒ助クルノ意アリ○進テカヘル路ヲ忘レ迷惑スル意アリ○丁寧ナル意アリ○漸々吉ニ向フ○辛苦タヘス百事マチカヘサマタケアリ又○和セス愛デ失スクナシ○進ハ公禍アリ
天時雨
婚姻平
居國ヲ去ノ類不利
遺失尋ヌヘシ
漸
立身出世アリ○スヘテ色情アリ

産不安○居處平○仕官滞ル○旅行凶或ハ敗ラス○求財得難シトイヘ𪜈勞シテ少ク得ルコトアリ○待人來ラス○病愈ヘス○失物箱引出シ架押入ニ階作リスベテ二段三段ニナリタル所ニアリ遠ク去ラスヨク尋レハ得ヘシ○捕逃遠ク去ル得ズ○訟平

△漸

萬事漸々成立スルノ兆急ニナスハ害アリ○スヘテ動クニ利シク又静ニモ不可ナシ但急ニ進ムハ不利○スヘテ始ヲ慎ムヘシ慎マサレハ凶ニ入ルコト多シ○小ヲ積ミテ大ヲ成シ近キヨリ遠ニ至ル意○進ミテカヘラサル意○女子ノ男子ヲシタフ意アリ又女ハ男ニツキ悦アリ男ハ女ニツキ悦

○金銀ノナヤミアリ○待人來ル違スル物必遂ス○住所苦労アリ○次順ニノ吉ニ向フ○事ノ由來ナリ此卦ヲ得ル者必事アリクロウアルヘシ破財ノ兆反覆多クアリ慎ムヘシ○此卦吉ニ向フ意アレ圧一定スヘカラス吉凶ノ間ニアリト知ヘシ故ニ慎ミテ其途ヲアヤマルヿ勿レ○住居ニツキ心身ツテニ思ヒナヤム居國ヲ去ノ類ヨロシ

【歸妹】不意ニ禍ノアル卦ナレハ慎ムヘ

アリ○天時雨○身命女ニ苦労シタル人立身シタル人○婚姻大吉○胎産平○居處平安シ労アリ○仕官升進ス○旅行吉或ハカヘラス○求財後ニ得ヘシ○待人來ル○病凶○失物見ヘ难シ○捕逃カヘラス○訟速ニ決セス

△歸妹

萬事謀慮スル所ミナ齟齬スルノ兆傘ヲツナヘテ晴ニアフガ如シ○スヘテ時後レ又マワリアシキ意○労シテ功ナキヿ多シ○我カ物ノ我カ用ニナラサル意○相約スルヿナトスヘテ違変スル意○貴ケレ圧賤マレ才徳アレ圧軽ンセラル、○萬事再三反復シテ後成ル○スヘテ人ニ誘ハレテ悦ヒヲ以テ動ケハ必後悔アリ君父師長ノ命令ニ非レハ妄ニ

シ○女ニツキテ障アリ○悪人ニ阻ラレ我正直アラハレス難渋ニアフヿアリ慎ヘシ○願望妨アリ○破財ノ兆○思慮決セス又疑アリ

居國ヲ去ノ類ヨロシカラス

財事ヲ求ルノ類辛ニノ破ルヘシ

讒言謀計アルヘシ○貴キ物ヲ得

從フヘカラス○色情アリ○天時雨又雷雨又天色ヲ察シテ慮ル時ト相反ス○身命運命拙ク人ニ欺カレタル人○婚姻貴賤カ老少カ賢愚カスベテ不偶（ニアハス）ノ配合ナルヘシ終ヲ全フセス○胎産平○居處凶○仕官凶○旅行凶○求財得ス再三反覆シ後少ク得ルカ○待人來ル又約アル者ハ來ラサルカ或ハ日期ヲ過ルカ○病ヨキカト思ヘハアシヽ又婦人ナレハ死ニ至ル○失物思ヒヨラサル處ニアルヘシ○捕逃出テ後ニ悔ル意アルヿアリヨク尋レハ得ルヿアリシカレモマチカヒ多カルヘシ○訟凶

△豐

百事盛大豐滿ノ極ニシテ衰微ノ始トス常人大抵凶○スヘ

ル意○公事詐訟ナシクハナトラ慎ムヘシ○思ヒヨラヌ驚アルヘシ○文花ノヿニハ吉兆ソノ外大凡凶兆死喪等ノウレヒヲ含メリ天時雨胎孕不成ノ兆居國ヲ去ノ類常人ハ大抵ヨロシカラス

始ヨク後ニ悲トナルノ意アリ万事ニツキ慎ムヘ

テ減スルニ利シク増スニ不利退クニ利ク進ムニ不利○節倹ヲツトメ質素ヲ守ルヘシ○スヘテ油断ナル意アリ寛大ニ失スルヿヲ戒メ細密謹厳ヲ心カクヘシ金銀ヲカシテ還サレヌ類ノヿアラン○人ノ讒謗ヲウケ刑罰羞辱ニアフヿアリ戒ムヘシ○文學発達ノ兆○損財アリ○虚驚アリ○天時クモル○身命大業ヲナシタル人富榮ヘタル人○婚姻不利○胎産凶○居處凶○仕官讒ニアヒ疑ヲウクルヿアリ○旅行不利○求財得难シサヽワリ多シカヲ労シテ後得ルヿアルカ○病凶○失物見ヘ難シ○捕逃得難シ○訟大凶

△旅

小事成ルヿアリ久遠ノ事慎ミテ怠ラサレハ終ニ成ル○萬

シ○月ノ末ニ漸
クル意アレハ小
事ニハ冝キ、
リ○喜ノ中ニ憂
ヲ含ム○親シミヲ
失ヒ困窮流浪ノ
ノ意アリ○改メ
変スル意アリ小
事ニハ占
天時雨
居國ヲ去ノ類平
ナリ盗難ヲ防ク
ヘシ
財事ヲ求ルノ類
小シク得ヘシ遠
ク求ルニ不利
病凶

事安堵セスタノミスクナキ意○親シキ者ニハナル、ヿアリ又新ニ親シキ者ヲ得ルヿアリ○目下ノ人ノ力ヲ得ルヿアリ○住居ニツキテ勞多シ○不自由スルヿ多シ○文學ヲ以テ周游スルノ意處士賣筮等ヲ業トスル者ニハ平吉無能不才ノ者ハ漸々ニ家産衰微ス或ハ困窮シテ住處ヲ去ルホトノヿアルヘシ○損財アリ又金銀ニツキテ勞アリ○大難盗難ヲ戒ムヘシ○天時朝ハ晴晝陰○身命身ノヲチツカサル人文學ニ誉アル人○婚姻不利○胎産少シ難アリ大害ナシ○居處不安或ハ終ニ変動ス○仕官平或ハ勤番又ハ遠行ノヿアリ○旅行不利盗难遺失ヲ戒ムヘシ○求財少シ得ヘシ○待人來ル家ニカヘル者ハ不來○病凶多クハ死ヲトカク人ニ順ヒテスルニ利シ○遠方ヘ通スルヿアルヘシ觸流シノ段ニ至ル意アリ○住所辛苦ノ意アリ心身不定ノ意アリ願望十ニノ五ノ代ヘシ○難ヰニアラヿアリスハヨリ助ラル、意アリ○伏シカクル、意アリ○此卦通シテ違セス止メテ久シカラス百事名アリテ形ナシ○嘗ニ反覆阻隔ア

兔レ〻○失物遠ク去ルカ急ニ尋ヌヘシ○捕逃遠ク去ルカ皈リ难シ○訟平

△巽

萬事通達セサルヿナシトイヘ氏障多クシテ十分ナルヿ能ハス○萬事永久ノヿハ反覆スルヿ多シ○スヘテ進退疑惑シテ決斷ナキ意○人ニ誘ハル、ヿアラハ審ニ考ヘテ従フヘシ妄ニ進ム寸ハ大害ニ陷ルヿアリ○風聞アリテ其實ナキ意○遠方マテ耳タツヿアリ觸ナカシヌハ引札ナトスル類○スヘテ散ル意アリ○病難ヲ戒ムヘシ○スヘテ和順ニヨロシ○天時風○身命サハカシキ人心ヲチツカヌ人柔和ナル人世ヲワタル人○婚姻不利○胎産平○居處凶○仕官

夫實ナシ破財ノ兆
昏姻吉終凶
居國ヲ去ノ類災害ナシトイヘ𪜈口舌ヲ慎ムヘシ
財争ヲ求ル類求ク得ヘシ終ニ成サルノ兆
遺失タツ子雖シ婦人ニ問ヘシ

兌卦ハ喜ノアラハル、卦ニノヨキ卦ナレ𪜈然レ𪜈物ト暌シマリナクラチアカヌ意アリ又外見ハヨロシク内心ノヨロシカラヌ意アリタトヘハ倭人ノ如シ○色欲ノナヤミアリ○

不利○旅行平○求財求シ得ヘシ高賣ハ大利ヲ得ルコトアリ○待人來ルトイヘ𪜈マチガヒテ面會セサルカ又ハ來ラスシテ音信アルカ○病長シ変スルコトアリ○失物見ヘ難シ遠ク去ルカ深ク入ルカ○捕逃遠ク去ルカ深クカクル、カ得難シ○訟平或ハ訟ニ至ラス

△兌

小事成ル大事不成○萬事堅固ナラス決断ナク又分明ナラサル意○至小ノ極至卑ノ極至柔ノ極ナル故常人ニハ平吉トス或ハ男女飲食金銀等ノ悦アリ○家内トリシマリナク無益ノ費又ハ食客ナトアリ○人ニタノムコト多クハトヽノフ○スヘテ聚マル意アリ○ヨキ友ヲ求メテ交レハ吉ヲ得

願望及ヒ病人皆過半宜シカラス○心身苦労シテ後ニハ宜シ○文學ノヿニハ吉○小事ハ吉大事ハナラス○無益ノヿニ苦労スルヿアルヘシ○心中實貞ナラス物ニ変動スル意アリ居國ヲ去ノ類ニロシ財事ヲ求ルノ類事多ク疑慮アリテ決セス大凡成リ难キノ兆病ハ危シ重シ然レ氏治スヘキノ兆

[渙]散乱ノ義アリ損失アルヘシ○遠方ニ往來シ又ハ諸事違錯挫阻ヲ

ヘシ○口舌アリ○色情アリ○天時雨又久雨ノ時ニ占ヘハ晴トナルヿアリ○身命賤キ人便佞(クチタリ)ノ人巧兒(コシキ)俳優(ヤクシャ)妓女(ヲヤマ)ノ類○昏姻平吉或ハ口舌アリ○胎産平或ハ小兒カタワナルヿアリ○居處平○仕官平○旅行不利○求財過分ノヿニ非レハ得ヘシ○待人來ル○病長シ久病ハ愈ルヿアリ○失物見ヘ难シ○捕逃遠ク去ラスヨク尋レハ得ヘシ○訟平速ニ决シ难シ

△渙

萬事通達凶事消散スルノ兆○善人ハマワリヨクシテ苦厄ヲ免レ本意ヲ達スルヿアリ常人ハ思慮一定セス安堵スルヿナシ○久シク心カケタル大望時ヲ得テ成就スルヿアリ

リ服縄ノ皆渙散ナシ○横合ヨリ起ヒヨラヌ災難又ハ損失ヲ受ルヿスセハ苦労アルヘシカチ〻慎ムヘシ住所苦労アリ宿替ナト宜シ○心底安カラサル意アリ○願望遂ク成ヘシ○上木下水舟揖ノ象又通達ノ義トス○心中変動スルヿヲ慎ムヘシ胎産不安ノ恐癒ノ時ハ[illegible]ハリナシ婚姻成ルカシ説破アルヘシ居國ヲ去ルヿ平ナリ

**節**

此卦ハ物ゴト滞リテ障アルノ卦

○游山ナトシテ欝ヲ散スル意○住居ノ労アリスヘテ安心セサルヿアリ○不意ノ禍アルヿアリ○損財アリ○天時或雨○身命住居定マラヌ人マワリヨキ人スヘテ衰フル人○昏姻不利○胎産平○居處不安○仕官平○旅行不利舟行ハ吉○求財得ズ又事ニヨリ容易ニ得ルヿアリ○待人来ラス久シク待ツモノハ来ルヿアリ○病速ニ治ス久病ハ凶○失物得难シ○捕逃遠ク去ル皈リ难シ速ニ尋ヌヘシ○訟平吉

△節

小事滞ルトイヘ𪜈終ニ通達ス大事ハ障アリテ不成○萬事分限ニ應シテ足ルヿヲシル時ハ平トス過分ノ望又ハ奢ヲ好ム者ニハ大凶○スヘテ静ニ利シク動ニ不利妄ニ動ケハ

也又自然トホトヨキ意モアリテ物ニ遠ヒ背ク丁ナク過スルモ亦ルヘシ然レ𪜈大略運ノ拙キ卦トシルヘシ○物ニ限リテ止メタル意アレハ諸事手ヒロクスル丁宜シカラス○不意ニ災難ニアフ丁アルヘシ慎ムヘシ○閉テ塞ル意アリ○他國ナトノ便ヲ占ニハ凶○此卦心操貞𪜈ノ義常人ハ多ク貞節ナラス故ニ凶兆

居國ヲ去ノ類凶

財爭ヲ求ル類患爭ノ丁ハトクヘシ然レ𪜈屢シ其兆ハナラス

自ラ穽ニ陷ル丁アリ○スヘテ分限ヲ考ヘ量リテ大望ヲ企ツヘカラス○人ヲフシリ人ニソシラレ人ヲ咎メ人ニ咎メラル、丁アリ○人ニ欺カル、丁ヲ戒ムヘシ○貞正ノ操アル者ハ後榮トス○天時雨○身命フシリヲ受ル人ヲトナシキ人酒ヲ好ム人○婚姻平○胎產平○居處安○仕官平讒ヲ防クヘシ○旅行不利○求財得ヘシ○待人來ラス○病凶○失物得难シ○捕逃遠ク去ラストイヘ𪜈得难シ○訟不利

△中孚

貞實ナル者ハ吉虛僞奸邪ノ者ハ凶○同類感通シトイヘ𪜈必應ス我唱ヘテ彼和ス故ニ人ニ誘ル、丁アラハ審ニ考ヘテ從フヘシ彼ニ我ヲ欺キ陷ルノ意ナシトイヘ𪜈アヤマ

此卦ハ誠アルノ卦ニシテ心中正直丁寧ナレハ吉トス我邪ノヿニ出卦ヲ得ハ大凶目前ニ来ルト知ヘシ○次第ニヨロシキヿアリト久○心ヲ一図ニシヲ変スルヿナクンハ願望調フ○初アシク末ハ吉卦○此卦モト實アリテ虚ナシ故ニ相感メ百事吉○相應スル者必善アリ不善アリ審ニ察スヘシ居國ヲ去ノ類利シ財寶ヲ求ルノ類此卦変シテ他ニユクすハ不成ノ兆他ノ卦ヨリ来

リテ凶ヲ招クヿアリ○隔リテ情ヲ通スル意音信ヲキヽテナヲユカシク思フノ類○戀ヒ慕フ意又心中ニツヽミテ顯ハサヾルノ労又ハ人ト密談スル類○心誠ニシテ変セサレハ久ヘテ吉○人ニ親愛セラルヽ意又親シキ者ノ為ニ労スルヿアリ○人ニタノムヿ順成ス○心ヲ合セテ変ゼザルガ為ニ心ヲ労スルヿアリ密通シテ嫖奸ニ及ビ處置(カタツケ)ニ窮迫(コマル)スルノ類○天時風又旱○身命實フカキ人心ヲ労スル人○婚姻吉或ハ女子不貞ナルヿアリ○胎産平○居處不安トイヘ圧大害ナシ○仕官平忠義ノ心深キ者ハ大吉○旅行平舟行平○求財得ヘシ○待人来ル又音信アリ○病愈ヘ难シ或ハ内傷虚損ノ類○失物速ニ尋子テ得ルカ又久シクシテ後在ル

守ハ戒ヘシ然レ圧又口舌アリ

大ナル禍ハナケレ圧ツ子ニクロウ氣力ヲ多ク我身ガ我心ニマカセヌ意アリ○物ノナカニ滞ントスレハ又不足ノ事発シトヽノヒ難キ卦ナリ故ニ小事ニハヨロシ大事ニハヨロシカラス○スヘテ人ト和順ナラス常ニ氣ウワスル意アリ忍フ意アリ○爭論ヲ慎ム

處ヲシルカ○捕逃在處ヲシルトイヘ圧ヨキ相手アリテ敀ル心ナキカ或ハ婦女ヲ暴フテ去ルカヨク尋レハ得ル○訟對決ニ及フカ或ハ訟ニ至ラサルカ平

△小過

萬事成ラズ耳ニ聞テ目ニ観サル意○スヘテ退クニ利シク進ムニ不利○人ニタノムヿウケカワズトヽノワズ○スヘテ事ノ反覆スルヿアリ又人ト中アシクナルヿアリ○又ヘテ後悔スル意アリ○相ソムキテ別ルヽヿアリ○諸事憂労多ク又自在ナラスシカレ圧大禍アルヿナシ○天時雨○身命隠遁シテ名アル人カルワザナトノ人ナラヌヿヲスル人○婚姻凶○胎産平○居處不安○仕官凶○旅行凶○求財得

昏姻妨アリ疑アリ終ニ成ヘシ
居國ヲ去ノ類憂苦アリ
旅行ナヤミアリ
待人來ラス又遲シ

此卦ハ物ノ乱ルル始トス一旦ハ成就スル𪜈末ハ破ル丶意アリ慎ムヘシ○渡ニ行テ舟ヲ得タル意アリテ宜キヿニアフノ義モアレ𪜈今ヨリ後ノ大ハル卦ナレハ油断怠慢ナク貞正ヲ守ルヘシ○色欲アリ○住居禍多ク心中ウ子ニ困苦ヲイダク○

ス○待人來ラス音信ヲ占フハ有トス○病治スヘシ○失物得难シ○捕逃カヘラス音信ハアルヿアリ○訟不利或ハ牢(ロウ)獄(ヤ)ニ入ルヿアリ

△既濟

萬事今ノ時ヲ失ハスシテ果スヘシ時過レハトヽノハス○スヘシ始吉後凶ナル意萬事終ヲ保チ难シ○時至リ物滿ル十五夜ノ月ノ如キ意漸々衰頽ノ萠アリ○諸事モハヤ事スミタル意○不義ノ色情アルヿアリ○少シモ油断アレハ必禍アリ深ク慎ムヘシ○スヘテ泰ノ卦ト相似タリ考ヘ合スヘシ又他卦ヨリ此卦ニ変スレハ大抵吉トス○天時雨○身命隱居又大願ヲトケタル人○昏姻終ヲ保タズ又潘行ア

口舌爭論アリ
居國ヲ去ノ類平
ナリ
財事ヲ求ルノ類
威力如クニシテ
不敵

願望トヽノウヘ
シ○身心苦労ア
リテ女人悦アリ
男ハ窮苦アリテ
憂ガ口ニキ意ア
リノ安心安定ナ
アス常ニ不定ア
リ○前ノ既濟ハ
止ムヲ以テ主ト
ス此卦ハ始ルヲ
以テ主トス大槩
趣ハ既濟ニ似テ
後ハ凶ニ走リ是
ハ吉ニ向フトス

リ或ハ口舌タヘズ○胎產平○居處凶○仕官ヨキ時ニアフ
テ事ヲナスカ又功アリテ君ニ悪マル、カ又轉職スルカ○
旅行平○求財得ヘシ○待人速ニ來ル時過レハ來ラス○病
凶○失物見ヘ难シ○捕逃得难シ○訟凶

△未濟

スヘテ事ヲハシムルニ利シ終ニ成就ス但急ニスヘカラス
○スヘテ後榮ノ兆幽谷ヲ出テ喬木ニ遷ル意婦人ニハ更ニ
吉○目前憂アリトイヘ𪜈終ニ喜ヲナス○スヘテ発セント
欲シテ未タ発セサルノ間トス○色情アリ○スヘテ否ノ卦
ト相似タリ考ヘ合スヘシ又此卦ヨリ他ノ吉卦ニ變スレハ、
始終全吉トス○天時小雨○身命正シキ人事トゲザル人初

財事ヲ求ルノ類成ヘキノ兆シナシ
遺失出ヘシ思ヒノ外ナル處ヲ尋スヘシ

心又部屋住或ハ處女ノ類○婚姻大吉○胎産平○居處吉利○仕官吉○旅行吉○求財得ヘシ○待人來ラス○病凶○失物定マリタル在處ニアルヘシヨク尋ヌヘシ○捕逃速ニ尋レハ得ヘシ或ハ近處ニ徘徊スルカ○訟不利

予既述斯篇偶得白蛾先生所著易學小筌僅僅一小冊取而閲之其於占法鉤深闡幽殆極其蘊固非吾儕淺末所敢及也蓋予於易象之説固嘗推先生爲本邦第一矣今又得此書益服其宏淵遂乃抽其説標之于上以補予所不逮其間與予所見有相齟齬者然予於斯篇不敢自保其是則其於推服先生之意固既無所悖云鼓缶子記

五行易指南巻三 終

# 五行易指南巻之四

虎門　鼓缶子　述

## 天象

天象ノ占法父母ヲ雨トシ妻財ヲ晴トシ子孫ヲ日月トシ兄弟ヲ風雲トシ官鬼ヲ雷電トシ應ヲ天トシ世ヲ地トス

父母ヲ雨トス旺相発動スルハ必雨アリモシ旺相発動シテ子孫妻財ニ氣ナキ寸ハ大雨トス更ニ日月ノ生扶アレハ洪水ニ至ルヘシ○三合會局シテ父母ヲナスモ雨アリ○官鬼ト𪜈ニ旺相発動スルハ即日雨アリ○土爻父母ニツキテ発動スルモ雨アリ○兄弟ト𪜈ニ発動スルハ風雨倶ニ作ル兄弟旺相スレハ風先ニヲコルカ又ハ雨ヨリ甚シキカモシ休囚スレハ風後ニヲコルカ又ハ雨ヨリ甚シカラサルカ冬

日ナレハ風雪アリ○兄弟ニ化スルモ風雨俱ニ作ル先ニ風アリテ後ニ雨ヲ催ス○子孫ニ化スレハ雨後ニ虹アリ○妻財ト氏ニ発動スルハ半晴半雨（妻爻旺スレハ晴多ク父爻旺スレハ雨多シ）○父母発動ストイヘ氏日辰ニ克セラルヽ寸ハ雨ナシ○父母発動ストイヘ氏日辰ヨリ合住スレハ雨ナシ（日辰父母ヲ冲スルノ寸ニ至リテ雨アリ）○父母発動ストイヘ氏墓ニ入テ日辰又ハ動爻ヨリ冲スルコナケレハ雨ナシ○卦中発動ノ爻父母ヲ合住シ官鬼ノ爻ホ発動シテ其動爻ヲ冲スル寸ハ先雷アリテ後雨アリ○父母空亡スルハ密雲シテ雨ナシ（出旬逢冲ノ日ニ至リテ雨アリ）モシ日辰コレヲ冲スル寸ハ雨アリ○父母長生ニアフハ連日雨アリ墓絶（ノ日ニ至リテヤム）○父母月建ヲ持シテ子孫妻財ノ発動ナケレハ

霖雨數十日ニ及フ○父母暗動スルモ雨アリ

△妻財ヲ晴トス旺相発動スルハ必晴ルモシ旺相発動シテ官鬼父母ニ氣ナキ寸ハ旱トス更ニ日月ノ生扶アレハ大旱トス○妻財発動シテ日辰ニ生扶セラル、寸ハ烈日トス○妻爻発動シ変メ乾ノ卦ニ入リ又月日動爻ノ合助生扶ニアフ寸ハ大旱トス○三合會局シテ妻財ヲナス寸ハ晴レテ彩霞アリ○妻爻発動シテ官鬼ニ化スレハ陰晴定リナシ○官鬼トモニ発動スルモ陰晴定マラスモシ妻爻衰弱官鬼旺相スルハ大霧アリテ細雨ノ如ク妻爻旺相シテ官鬼衰弱スルハ晴○父母トモニ発動スルハ半晴半雨父爻旺相スレハ雨多ク妻爻旺相スレハ晴多シ○妻爻暗動スルモ雨ナシ○妻爻発動ストイヘトモ日辰

合住スレハ晴レス日辰妻爻ヲ冲スルノ寸ニ至リテ晴ル○妻爻動爻ニ合住セラレテ兄弟発動シテ其動爻ヲ克スル寸ハ風ナケレハ晴レス○妻爻木爻ニツキテ発動シ世爻ヲ生合スルハ和風暖日トス○妻爻空亾スルハ晴レス出旬逢冲ノ日ニ至リテ晴ル、

△子孫ヲ日月トス陽爻ハ日トシ陰爻ハ月トス又虹霓トス旺相スルハ日月皎潔○卦中ニ子孫ナケレハ晴トイヘ𪜈久シカラス妻財ノ原神ナル故ナリ○子孫休囚墓絶スルハ日月皎潔ナラス○子孫空伏スルハ蒙蔽シテミヘス○モシ晴兆ヲ得テ子孫発動スルハ電光或ハ彩虹アリ○子孫木爻ニツキテ発動シ應爻ト合スルカ或ハ應ニツキテ世身ヲ生合スレハ和風暖日トス○子孫刑ヲ帯ヒテ官鬼ニ化スルカ又ハ官亡発動シテ子孫ヲ刑

動シテ雨アリトイヘ𪜈雷聲ナシ○世爻兄弟ヲ持シテ発動スレハタトヒ財爻旺相発動スル𪜈天色清明ナラス○世爻モシ動爻ノ刑克ニアヘハ非常ノ変アリ○世爻土ノ官鬼ニツキテ発動シテ父母空伏スレハ沙ヲフラスヿアリ父母出空ノ日ニ至リテ雨トナルヘシ

△凡雨ヲ占フハ父母ヲ用神トシ官鬼ヲ原神トス晴ヲ占ハ妻財ヲ用神トシテ子孫ヲ原神トス用神病アリトイヘ𪜈原神強盛ナルすハ時ヲ得テ應ストスソノ時ヲ知ラント欲セハ前ニ述タル断期ノ法ニヨリテ細ニ推スヘシ今コヽニ詳ニセス

## 年時

年時ノ占法初爻ヨリ五爻ニ至ルヲ君民上下ノ位トシ上爻ヲ天トシ應亦天トシ世ヲ地トス而メ大歳ヲ以テ主トシ官鬼ヲ災禍トシ騰蛇亦変怪トス
△初爻ヲ五穀桑麻禽獸草木等トス妻財子孫ヲ持スレハ吉官鬼ヲ持スレハ凶○二爻ヲ百姓町人又ハ無役ノ諸士等トス子孫ヲ持スレハ年中安樂官鬼ヲ持スレハ年中禍多シ○三爻ヲ諸役人トス世爻ヲ生合スレハ民ヲアワレニ物ヲ愛スル心アリ子孫ヲ持スレハ潔白正直多ク官鬼ヲ持スレハ不仁貪暴多シ兄弟ヲ持シテ発動シテ世ヲ克スルハ物成運上ノトリタテ又ハ諸職人夫ヲ仕フヿ等用捨勘辦アリヿナ

シ○四爻ヲ奉行頭人スヘテ重役ノ者トス子孫ヲ持シテ世
身ヲ生合スレハ正直ニシテ私曲ナク民ヲアワレミ國ヲ憂
フトス○五爻ヲ君上トス発動シテ世爻ヲ刑克スルハ其年
必下ヲ剥キ取ルヿナトアリ妻財子孫ヲ持シテ世爻ヲ生合
スルハ恩恵アリ父母ニ化スレハ赦アリモシ空動ハ名アリ
テ實ナシ○上爻ヲ天トス空亡ニアヘハ其年怪異多シ
△應亦天トス世ヲ克スレハ氣候不順トス○應爻ハ又他國
トナスヿアリ
△世ヲ地トス空亡ニアヘハスヘテ災多シ○世爻亦我カ當
國トナスヿアリ又國中一統ノ人民五穀果實等トナスヿア
リ妻財子孫ヲ持シ旺相スルハスヘテ吉モシ歳月日又ハ動

爻ノ克ヲウクレハスヘテ障リ多シ
△大歳子孫妻財ニツクハ吉他ノ三類ニツクハ不利トス○モシ兄弟ニツキテ動ケハ其年風多シ世ヲ克スレハ風災多シ○大歳官鬼ニツキテ発動スレハ雷多キカ又ハスヘテノ災多シ卦中六爻及ヒ年月ニ官鬼ナキカ又ハアリトイヘ𪜈衰絶スレハ皆吉○大歳父母ニツキテ発動シテ子孫衰弱ナレハ大水アリ○大歳妻財ニツキテ発動シテ父母衰弱ナレハ旱
△官鬼火爻ニツキテ発動スルハ火災アリ世爻ニカヽリアフフナク應爻ニカヽリアフノミナレハ隣人ノ災トス内卦ニアレハ近ク外卦ニアレハ遠シ○官鬼水爻ニツキテ発動

スルハ水災アリ外卦ニアレハ他所トス内卦ニアレハ近所トスモシ世ヲ克セサレハ洪水アリトイヘ𪜈害ナシ○官鬼金爻ニツキテ発動スルハ兵乱アリ應爻ヲ冲克シテ五爻ヲ生合スルハ上ヨリ命セラレテ討手警固等ニ出ルコノ騒動トスモシ外卦ニアリテ他宮ニ屬シ五爻ヲ克シ或ハ大歳ヲ克スルハ他國ヨリ攻メ寄ルトス或ハ両官鬼アリテ𪜈ニ発動スルハ一處ノミニ非トシルヘシシカレ𪜈モシ田頭克又ハ日月動爻ノ克刑アレハ大害ナシモシ又休囚シテ発動スルハ百姓等ノ一揆或ハ無頼ノ徒黨トス○官鬼上爻ニツキテ発動スルカ又ハ白虎ヲ帯テ発動スル寸ハ疫病流行スモシ世ヲ克スルハ人多ク死ス制スルモノアレハ甚シカラス

○官鬼朱雀ニツキテ発動シ身世ヲ刑剋スルハ蝗蟲ノ災アリ○官鬼句陳ニツクハ必豊年ニアラスモシ世ヲ持シ又ハ世ヲ克スルハ必凶年トス妻財爻兄弟ニ化シ或ハ官鬼トモニ発動スルハ饑饉トス○官鬼玄武ニツキテ発動シ世爻ヲ克スルハ其年盗賊多シモシ金爻ニツキテ大歳又ハ五爻ヲ冲克スルハ謀叛スル者アリ○スヘテ官鬼上爻ニツキテ発動スルすハ變異アリトス

△騰蛇官鬼ニツキテ発動シテ乾宮ニアレハ天象ニ変アリ

○騰蛇官鬼ニツキテ発動シテ震宮ニアレハ雷ノ変異アリ雲ナクシテ雷モシ辰爻ニ臨ミ又ハ辰爻ニ変スレハ龍ノア鳴アルノ類

ラハルヽ事アリ○騰蛇官鬼ニツキテ発動シテ艮宮ニアレ

八山ノ変異アリ山クツルノ類○騰蛇官鬼ニツキテ発動シテ坤宮ニアレハ地震アリモシ刑ニアヘハ地裂ケヘシ○騰蛇官鬼ニツキテ発動シテ坎宮ニアリテ父母ニ化スレハ物ヲ雨ラスノ変アリ血ヲ雨ラシ毛ヲ雨ラシ土ヲ雨ラスノ類○騰蛇官鬼ニツキテ発動シテ巽宮ニアリテ兄弟ニ化スレハ風ノ変アリ旋風黒風ナトノ類兄弟ニ化セサレハ草木禽獣ノ変異トス○騰蛇官鬼ニツキテ発動シテ離宮ニアレハ日ノ変アリ日ノ中ニ黒ホシアリ或ハ耳ヲ生シ或ハ両日並出ル等ノ類モシ午爻ニ臨メハ火ノ変異アリ天火ノ類○騰蛇官鬼ニツキテ発動シテ兌宮ニアレハ井又ハ池沼ニ変アリ

以上騰蛇ノ発動空亡ニアフカ空亡ニ化スルカ冲ニアフノ類アレハ風説ノミニテ實ナキコトアリ又変異

ノ方ヲシラント欲セハ十二支ノ方位ニヨリテ察スヘシ又本宮ノ内卦ハ家中トシ外卦ハ外トスルノ類ナリ

△子孫强盛ニシテ妻財空亡セス官鬼衰ヒテ安靜ナレハ必豊年トス又世應相生シ六爻相合スレハ氣候順ニシテ風雨ヨクトヽノフトス又官鬼兄弟空亡ニアフカ或ハ卦中ニ官鬼兄弟ナケレハスヘテ國家安平トス

△寒暑ヲ考ルハ水火爻ヲ以テス水旱ヲ察スルハ妻財父母ヲ以テス同シカラス旺相発動シテ世ヲ克スルハ火爻ハ大暑トシ水爻ハ大寒トスモシ水爻空亡死絶スレハ冬暖トシ火爻空亡死絶スレハ夏涼トス

身命

身命ノ占法世ヲ己ノ身トシ應ヲ妻トナス
世爻旺相シテ日辰動爻ノ生合アレハ富貴長命トシ休囚氣ナクシテ日辰動爻ニ克制セラルヽハ貧賤短命トス◯年月日ノ生合ニアフハ諸人ニ愛敬セラルヽトシ年月日ノ冲克ニアフハ諸人ニ軽ンシ疎マルヽトス◯卦宮強盛ニシテ世爻発動シ月日動爻ノ生扶ナキハ人ノ助ナクシテ自カヲ以テ成立ス卦宮衰弱ニシテ月日動爻ノ生扶アルハ人ノ力ヲ得テ成立ス◯世爻墓ニ入ルハ一生愚痴スヘテノ謀成難シ
◯世爻空亾ニアヘハ一生諸事成リ難シ
△世爻子孫ヲ持スルハ官途ノ升進ナリ難シ但一生刑罰ニ

アフヿナシ○世爻子孫ヲ持スルハ其子孝順ニシテ恩ヲ報ス○世爻子孫ヲ持シテ盛ナルハ衣食満足安樂自在トス○世爻子孫ヲ持シテ盛ナルハ高遠ノ志アリテ功名冨貴ヲ慕ハスモシ子孫氣ナケレハ俗ヲハナレ猥ニコヘタル貧士トス○世爻子孫ヲ持シ朱雀ヲ帯テ應爻ヲ生合スルハ伶俐ノ人トシ又ハ亂舞狂言ナトノ類トス○世爻子孫ヲ持シテ父母青龍ヲ帯テコレヲ生合スレハ其子学ヲ好ムヘシモシ世爻官鬼父毋𪜈ニミナ墓絶等ニアハサレハ終ニ成就スヘシ○世爻妻財ヲ持シ白虎ヲ帯テ旺相スルハ文盲無学トイヘ𪜈冨ミ栄フルトス○世爻父毋ヲ持スルハ苦労多シモシ発動スレハ子孫ヲ克ス○世爻父毋ヲ持スルハ小児ヲ育スル

ヲ占ヘハ辛苦多ク児ニ災多シ○世爻父母ヲ持シ勾陳ヲ帯
ルハ農民トス○世爻申酉ノ父母ヲ持シ白虎ヲ帯ルハ穢多
又ハ猟師ノ類スヘテ畜類ヲ殺スヿヲ業トス○世爻官鬼ヲ
持ツルハ一生病多シ或ハ公事訴訟ニアフヿ多シモシ貴人
ヲ帯レハギントス○世爻官鬼ヲ持シテ玄武ヲ帯ルハ盗竊
ヲ好ム○世爻兄弟ヲ持スルハ妻ヲ克シスヘテ破多シ又財
寳ヲ得難シ
△子孫旺相不空シテ傷害ナケレハ賢子多シ○子孫世爻ヲ
生扶シ世爻又吉神ヲ帯ヒテ旺相発動スルハ賢子アリテ父
ノ業ヲ成スヘシ○子孫発動シテ月破ニ変シテ官鬼兄弟ノ
両爻相合シ或ハ動爻変爻玄武ヲ帯ル力又ハ玄武ノ官鬼ト

合スルハ其子不肖トス○子孫空亾ニアフハ子ナシ○子孫
爻死墓絶空ニアフテ世爻又克制セラル丶ハ他人ニ従フテ
食ヲモトムルトス○子孫爻妻財ト𪜈ニ死墓絶空ニアフハ
孤獨ノ兆○子孫爻妻財ト𪜈ニ旺相発動スルハ目前運アシ
丶トイへ𪜈終ニ発達スヘシ○子孫青龍ヲ帯ヒテ妻財ヲ生
スルカ又ハ妻財青龍ヲ帯ヒテ子孫ニ化スルハ賢德慈仁ノ
婦人ヲ得ヘシ○卦ニ子孫爻アリテ又変出ニモ子孫爻アリ
テ世身ヲ生合スルハ他人ノ子ヲ養フヿアルヘシ○子孫他
宮ヨリ化出スルハ養子トスモシ妻財ト合シテ咸池玄武ヲ
帯ルハ妻妾ト密通スルヿヲ戒防クヘシ○子孫発動スルハ
夫ヲ克スシカレ𪜈貞潔ヲ守ルヿアリ

△子ノ多少ヲシランニト欲セハ五行生成ノ数ヲ以テ推スヘシ○子孫日辰月建ニアフハ父母発動シテコレヲ克スト云ヘ圧其子大害ナシ○子孫大歳ヲ持スルハ其子大志アリモシ官鬼ニ傷克ナケレハ大ニ発達スヘシ○子孫旺相シテ傷害ナケレハ其子肥テ強シ休囚シテ克ニアフハ瘦テ弱ク変多シ○子孫旺相シテ禄馬貴人ニ臨ムハ其子少年ヨリ貴顕スヘシ○子孫旺相スルハ乳多シ休囚空破スルハ乳少シ父母発動シ或ハ発動セストイヘ圧父母ニ冲セラルヽハ乳ナキカ又ハ育チ難シ○子孫禄馬貴人ヲ帯ルハ其子他日貴ク顕ルヘシ○子孫休囚シテ父母ニ化シ官鬼ニ化スルハ其子死兆トス○子孫墓ニ入リ又ハ官鬼ニ化シ又ハ官墓ニ化ス

ル八其子死ス〇子孫墓絶ニアフテ又克害アル寸ハ其子出
〇子孫ノ胎爻官鬼ニツキ或ハ官鬼ニ化シ或ハ官鬼ヨリ沖
克スルハ其子生レテ後死シテ復ヨミカヱルヿアリ〇子孫
乾宮ニアリテ青龍又ハ天ノ吉神ニアフハ其子幼ヨリ
聰敏トス〇子孫震宮ニアリテ官鬼又ハ天ノ凶神ニ刑
克セラル、ハ其子足ニ疾アリ〇小兒ヲ占フテハ純ノ卦ヲ
得ルハ其子頑劣強悍トス六合卦ヲ得ルハ聰明伶俐トス〇
子孫陽卦ニアリテ陽爻ニツキタルハ聰明伶俐トス陰卦ニ
アリテ陰爻ニツキタルハ愚頑トス
△妻財発動スレハ早ク親ヲ喪フ〇妻爻白虎ヲ帯ヒテ刑害
ニアフハ其妻淫乱ニシテ強暴トス〇妻爻玄武ヲ帯ヒテ発

動シ應爻又ハ他爻ト合スルハ其妻淫行アリ○妻爻子孫ニ化シテ世身ヲ生合スルハ賢婦ヲ得ヘシ○妻財爻兄弟ニ化シ沐浴ヲ帯ルハ其妻貞潔ナラスソノウヘ短命トス○妻爻空亾ニアフテ他爻発動シテコレニ合シ或ハ玄武咸池ノ克合アレハ他人ヨリ刧シ挑ムトイヘ𪜈其婦人従ハサルヿアリ○六合卦ヲ得テ妻爻陰ニ属シテ発動スルハ其婦人淫乱無恥トスモシ世爻ト合スルハシカラス

△官鬼兄弟旺相発動スルハ目前吉利トイヘ𪜈終ニ破敗貧窮スヘシ○官鬼旺相シ世身亦旺相シテ貴人禄馬又ハ父母ヨリ世身ヲ生合スルハ他日出身スヘシ○官鬼本宮ニアリテ財爻ヲ冲克スルハ其妻生キテ離別スルヿアリ○官鬼月

日動変等ニ多クアラハレテ妻財ニ合スルハモシソノ妻財玄武咸池等ヲ帯ヒサレハ其妻再嫁ス○官鬼両爻アリテ𪜈ニ発動シテ妻財ヲ生合シ又父母ヨリ刑沖シ妻財空亾ニアフハ両男娶ルヿヲ争テ父母ヨリ強ヒラル、ニ従ハサルヿアリ○婦人身命ノ占官鬼旺相シ青龍禄馬貴人ヲ帯レハ貴顕ノ賢夫ヲ得ヘシモシ衰弱スレド生扶アレハ吉ヿ婦人身命ノ占官鬼空亾ニ利シカラス又衰弱ニ利シカラス衰弱ナレハ不肖ノ夫ニ嫁ストスモシ衰弱シテ生扶合助ナクソノ上勾陳騰蛇等ヲ帯ルハ其夫愚蒙不正容貌醜悪トス○六合卦ヲ得テ世爻官鬼ノ刑克ニ化スルハ婦人ノ占ニハ夫ニ始ニ親シマレ後ニ疎マル、

△父母発動スルハ子ヲ克ス○父母爻白虎騰蛇ヲ持シテ発動スルハ子孫ヲ喪フ○父母爻青龍ヲ帯ヒテ世身子孫ヲ生合スルハ其子学ヲ好ムヘシ○父母陰爻陰卦ニ属シ世爻亦陰爻ナレハ妾腹ノ子トス○卦中父母アリ又別ニ変出爻ニ父母アリテ世身ヲ生合スルハ他人ノ養子トナルフアリ○兄弟発動スルハ早ク妻ヲ喪フ○兄弟世爻ト生合スルハ本宮ニアレハ兄弟従兄弟ニ睦シク他宮ニアレハ朋友ニ信アリ内卦ニアルハ親シキ兄弟トシ外卦ニアルハ遠キ従兄弟等トス○兄弟内卦ニアリテ應爻或ハ財爻ト合スルハ其妻兄弟ト密通スルフヲ戒ムヘシ

△世爻父母ヲ生合スルハ孝順ノ子トス○世爻兄弟ヲ持シ

旺相発動シ白虎騰蛇ヲ帯ヒテ應爻ヲ刑害シ應爻氣ナケレハ妻ヲ克ス○世應相生合スルハ夫婦和睦ス相冲克スルハ睦シカラス○應爻世ヲ冲克スルハ妻ノ言ヲ信ス○應爻世ヲ克スルハ凶トストイヘトモシ世爻兄弟官鬼白虎騰蛇等ノ凶神ヲ帯レハ却テ我ノ病ヲ去ルト名ツケテ吉トス賢妻アリテ我ヲ助クヘシ○應爻子孫ヲ持シ勾陳ヲ帯テ旺相シテ傷害ナケレハ其妻醜シトイヘトモ賢徳アリ○應爻妻財ヲ持シテ合スル者多クソノウヘ玄武ヲ帯ヒテ刑害スル者ハ其妻妓女ナルヘシ

△六冲ノ卦ヲ得レハ始アリテ終ナシ冲中逢合ハ後ニ成ルトス○六合ノ卦ヲ得レハ謙遜ニシテ人ニ親シマレ家ヲ開

クフアリ合處逢冲ハ後ニ敗ル○六爻皆安靜ニシテ冲破克害ナク相生シ相合スルノミナレハ一家和睦ス○六爻乱動シ冲克刑害アレハ一家親戚不和ニシテ害多シ

△生涯ノ官途ヲ占フハ子孫発動ニ利シカラス世爻官鬼ヲ持シテ日月動爻ノ刑冲克害ナク日月動爻ノ生扶拱合アリ又九五ノ爻ノ生合ヲ得ルヲ大吉トス

△子息ヲ占フハ子孫空伏墓絶ニアヒ日月動爻コレヲ克スルハ利シカラスモシ日月動爻ノ生扶提抜アルハ其生扶提抜ノ年ニアタリテ子ヲ生ムトス

△晩年ノ運ヲ占フハ世爻休囚シ日月動爻ニ剋冲セラルヽヲ忌ムモシ子孫発動シテ世ヲ生スルハ晩年ニ子又ハ孫ア

リテ孝養ヲ竭スヘシモシ妻財世ニ合スルハ夫婦睦シ◯モシ世爻旺相シテ子孫ノ剋ヲ受ルハタトヒ長壽ナリ圧子孫悖逆ヨロシカラス◯モシ子孫空絶シテ救ヒ助ル者ナク妻財氣ナケレハ老年孤獨トス

△壽數ヲ占フハ別ニ一卦ヲ起シテ断スヘシ世ヲ生スルノ爻ヲ刑冲克害スルノ年月ヲ考ヘ又世ヲ刑冲克害スルノ年月ヲ推ス寸ハ長短シルヘシ

△スヘテ本卦ハ已往ノ事トシ変卦ハ将來ノヿトス本卦凶ナル寸ハコレマテノ運アシヽトシルヘシ変卦吉ナル寸ハ此後ノ運ヨシトシルヘシシカレ圧始ヨリ将来ハカリヲ占フ事ヲ命スレハ本卦トイヘ圧ヤハリ将来ノヿトスヘシ

婚姻

婚姻ノ占法官鬼ヲ聟トシ妻財ヲ婦トシ應ヲ彼ノ家トシ世ヲ我ノ家トシ間爻ヲ媒トス。シカレ𪜈モシ子ノ為ニ婦ヲ求レハ子孫ヲ聟トシ官鬼ヲ用ヒス女子ノ為ニ夫ヲ求レハ子孫ヲ婦トシテ妻財ヲ用ヒス兄弟ノ為ニ求レハ兄弟ヲ用ヒ父母ノ為ニ求レハ父母ヲ用ヒテ官鬼妻財ヲ用ヒス。又始ヨリ媒ヲ占フハ別ニ一卦ヲ起シ應爻ヲ以テ用神トスヘシ。モシ六親ニ属スルモノハ六親ヲ用ヒテ應爻ヲ用ヒス。

△男女ノ情性容貌ヲシラント欲セハ旺相ヲ肥トシ休囚ヲ瘠トス。白虎玄武勾陳ヲ帯ヒ又土爻火爻ニ属スルヲ醜トス。青龍ヲ帯ヒ水爻金爻ニ属スルヲ義トス。休囚シテ生扶ニア

ヿハ醜ナレ𪜈才能アリトシ旺相シテ墓ニ入ルハ義ナレ𪜈
愚トスシカレ𪜈其詳ナルヿヲシラント欲セハ別ニ一卦ヲ
起シテ断スヘシ○男女共ニ其本命ニアタル爻午ノ年生レタル人ヲ占フニ其卦中ニ午ノ爻アレハ本命トス妻財子孫青龍貴人等ノ吉星又ハ日辰動
爻ノ生扶拱合アルハ栄華ノ兆トシ兄弟官鬼白虎等ノ凶星
又ハ日辰動爻ノ刑冲克害ニアフハ発達セストス○男女𪜈
ニ其本命ニアタル爻父母ヲ持スルハ技藝ヲ好ムモシ青龍
ヲ帯ルハ文学ヲ好ム兄弟ヲ持スルハ賭ノ勝負又ハ金銭財
物ヲ貴スヿヲ好ム子孫妻財ヲ持スルハヨク貯蓄ヲタモチ
家ヲオサム官鬼ヲ持シ凶神ヲ帯ルハ疾病アリシカレ𪜈刑
罰ニアフヿナシモシ貴人ヲ帯ルハ貴シ凶神ヲ帯ルハ役所

ナトニ使ハルヽ人トスコノ外ミナ類ヲ以テ推シ考フヘシ
○妻財官鬼刑冲克害ナケレハ老後マテ夫婦和睦スモシ刑
冲克害アレハ睦シカラス○男家ノ占ニ妻財空亾ニアフハ
妻亾フトシ女家ノ占ニ官鬼空亾ニアフハ夫亾フトスモシ子孫ノ為ニ占ヒ兄弟ノ為ニ占フ類皆其用神ヲミルヘシ妻財官鬼ニカヽハルヘカラス○男家ノ占ニ妻
財爻空亾ノ官鬼ノ下ニ伏藏スルハ其女先ニ縁約アリテ婚
姻ノ前ニ其夫死スルナリモシ白虎ヲ帯ヒテ発動スルハ巳
ニ嫁シテ後夫死シタルナリ○官爻妻財ノ下ニ伏藏スルハ
妻アル男子トス財爻官鬼ノ下ニ伏藏スルハ夫アルノ女ト
又モシ官鬼空亾セスシテ動爻又ハ日辰ヨリ妻財ヲ冲克ス
ルハ既ニ嫁シテ離別シタル女トス○官鬼爻妻財ノ下ニ伏

藏シテ空亾ニアハサルカ夫アルノ婦人トスモシ日辰又ハ
動爻ニ提起セラレテ世爻ヲ刑克スルハ後ニ争訟アルヘシ
○男家ノ占ニ妻財兩爻アルハ再嫁ノ女トシ女家ノ占ニ官
鬼兩爻アルハ再縁ノ男子トスモシ官鬼兩爻共ニ発動スル
ハ兩處ヨリ爭フテ娶ルトス○妻財爻世身ニツキテ玄武ヲ
帶ヒ動カス合セサルハ其婦舅姑ニヨク事ヘス○妻財爻子
孫ニ化スルハ其婦小兒ヲツレ来ルヿアリモシ空亾ニアフ
ハ短命トスモシ其妻財爻退神ニ化シテ沖ニアフハ後日夫
ニ背キテ再嫁スルカ又ハ里方ニ退クヿアリ○妻財爻進神
ニ化スルハ其婦人下女下男ヲツレ来ルヿアリモシ沖ニア
フハ其下部出奔スルヿアリ○男家ノ占ニ世爻動キテ妻財

ト合スルハ先ニ密通シテ後ニ婚姻ヲ議スルトス妻財動キテ世爻ニ合スルモ亦同シモシ妻財動キテ他爻ト合スルハ他人ニ情アリ他爻動キテ妻財ニ合スルモ亦同シ○官鬼ノ爻官鬼ニ化スルハ進神退神ヲ論セス皆反覆スルコアリトス

△男家ノ占ニ世陽應陰女家ノ占ニ世陰官陽ヲ吉トスコレニ反スルハ凶トス○男家ノ占ニ世陽妻財陰女家ノ占ニ世陰官鬼陽ヲ吉トスコレニ反スルハ凶トス○男家ノ占ニ世爻用神陰爻ニ属シ應爻妻財陽爻ニ属スルハスヘテ利シカラストスレ𪜈入聟ノ占ニハ却テ吉トス○男家ノ占ニ世爻官鬼ヲ持シ應爻妻財ヲ持スルハ吉モシコレニ反スルハ妻

タル人夫ノ權ヲ奪フ利シカラス但入贅ノ占ニハ吉トス○世ヨリ應ヲ生合シ應ヨリ世ヲ生合スルハソノ始成リ易クシテ後𪜈ニ吉利トス用神ヨリ世ヲ生合スルモ亦然リ但変メ空亾トナルハ成リテ後悔ルトス○應爻安靜ニシテ世爻ヲ生合スルハ約束成ルヘシ應爻發動シ或ハ空亾或ハ沖ニアフハ許サズトス○世應相生スルハ吉トストイヘ𪜈モシ動爻日辰ニ沖克セラル丶寸ハ妨ル人アリ事成リ難シ世應相冲克スルハ凶トストイヘ𪜈動爻日辰兩方ヲ生合スル寸ハ、、リモツ人アリテ成ルヘシソノトリモツ人妨クル人ヲシラント欲セハ五類ヲ以テコレヲ推スヘシ父母ナラハ尊長長ヲヂヲバナトノ類又外卦他卦ハ他人ノ類○世應比和シ日辰世應ニ合スルカ或ハ間爻発動シテ世應ニ合スルハ全ク媒ノカニヨリテ成ルヘシ世應生合又ハ比和シテソノ上官鬼妻財ノ両爻同卦ノ中ニアル寸ハカ子テ知音ノ家ナルヘシモシ合ニ非レハカ子テ相知ルトイヘ圧出會セサルヿアリ合スル寸ハ會面シタルナルヘシ○世應圧ニ空亡スルハ相俱ニ成ルヿヲ欲セス或ハ成ルトイヘ圧意ニカナハス○世爻旺相シテ衰弱ノ應爻ヲ克スルハ富貴ノ勢ヲ以テ強ヒテ娶ルヿアリ○官鬼発動シテ世ヲ克スルハ婚ヲ結フヲ欲セサルノミナラス禍害ヲ生スルヿアリ○應爻空亡ニアフテ父母爻空亡又ハ伏藏スルハ婚ヲツカサルノ人ナシモシ妻財卦身ニツク寸ハ其婦人自ラ主トル○妻財爻世ヲ生合

スルハソノ調度豊盈トス又日辰動爻ノ生扶アルハ化粧料アリ勾陳ニ臨ムハ知行田地トス○應爻旺相スルハ彼ノ家富ム休囚スルハ貧シ應爻旺相シテ妻財休囚スルハ富ムトイヘ𪜈女子ノ容皃美ナラス

△父母発動スルハ子孫甥姪ニ睦シカラス○父母旺相発動シテ子孫墓絶ニアフハ子ナシ○父母身世ニツクモ子ナシ○父母旺相発動シテ子孫旬空ニアフハ却テ子ヲ得ヘシ但子孫出空ノ年ニ至リテ死スルヿアリ○父母発動シ妻財ニ合スルハ舅ソノ婦ニ淫スルヿアリ○父母両爻アリテ倶ニ発動スルハ婚ヲ主トル人両人アルヘシ左ナクハ両方ニ縁約スルヿアリ○父母爻官鬼ニ化シ又官鬼爻父母ニ化スル

カ或ハ父母官鬼共ニ発動スルハ争アルヿアリ○父母々日
辰ト合シ或ハ日辰父母ニアタル寸ハ婚礼ノ日定マルトス
△兄弟発動スルハ妻妻ニ和セサルヿアリモシ日月是ニ臨
ム寸ハタヽ和セサルノミナラス刑克アリトス○兄弟発動
シテ朱雀ヲ帯ルハ口舌アルヘシ○兄弟発動シ玄武螣蛇ヲ
帯ヒ世身ヲ刑冲スルハ中ニ奸計ヲ企ル者アリモシ世應生
合等ノ吉兆ヲ得ル寸ハ費多クシテ成ルヘシ
△間爻ヲ媒トス世ヲ生合スルハ我ニ親シキ人トス應ヲ生
合スルハ彼ニ親シキ人トス世應両方ヲ生合スルハ両方ニ
親シキ人トス旺相スルハ新ニ親シキ人トシ休囚スルハ昔
親シキトス本宮ニアルハ親族トシ他宮ニアルハ他人又ハ

縁類トス○間爻陽爻ナレハ男媒トス陰爻ナレハ女媒トス
発動又ハ衰弱スルハ老人トシ安静又ハ旺相スルハ若キ人ト
ス○間爻安静ニシテ世爻カ應爻ニ沖起セラレ又ハ合起セ
ラレ或ハ日辰ニ沖起セラレ日辰ニ臨マルヽハ其人媒スル
ニ意ナキヲタノマルヽニヨリテ口入スルトス○世應相沖
シ相克シテ間爻ヨリ生合シテ世ヲ動カシ應ヲ動カスハ全
ク媒ノ力ニヨリテ成ルトス○間爻両爻トモニ発動スルハ両
人ノ媒アリ或ハ両爻トモニ官鬼ニ変スルハ争フヿアリ旺衰
并ニ制スルモノヽ有無ヲ以テ其強弱ヲ察スヘシ○間爻應
爻ニ冲克セラルヽハ彼ノ家ソノ説ヲ信セス用ヒス應爻ヨ
リ間爻ヲ生合スルハソノ説ヲ信シテ成ルトス○間爻日辰

動爻ハ官鬼妻財ニ冲克セラル丶ハ其媒怨マル丶トス世ヨリ冲克スルハ男家怨ム應ヨリ冲克スルハ女家怨ムトス○世應ニ日辰又ハ子孫妻財ヲ持シテ間爻ヲ生合スルハ禮物アリ旺相ハ多ク休囚ハ少シ世旺ハ男家多ク應旺ハ女家多シ○間爻騰蛇朱雀兄弟等ヲ帶ルハ媒ニ功者ニシテ利ヲ得タル人トスルヿアリ

## 胎產

胎產ノ占法五類ヲ以テ產母トス他人又ハ其夫占ヘハ妻財ヲ以テ產母トシ兄弟占ヘハ兄弟ヲ產母トスルノ類ナリ子孫ヲ生ム所ノ兒トシ產母ノ胎爻ヲ胎トシ間爻ヲ穩婆トスモシ別ニ穩婆ヲ占フニハ間爻ヲ用ヒス妻財ヲ用ユモシ乳母ヲ占フハ別ニ一卦ヲ起シテ妻財ヲ用

神トシ應爻ヲ其家トス
△孕ム孕マサルトヲ決スルハ胎爻ヲ主トシテ子孫ヲ論セス卦中六爻ノ内胎爻アルカ又ハ年月日ニ胎ニアタルモノアルハ孕ムトス卦中ニナシトイヘ𪜈動爻化出シテ胎爻トナルすハ今孕マストイヘ𪜈後必孕ムトス○八卦ニアリテ震ヲ孕ムトシ六神ニアリテ青龍ヲ喜神トス子孫震宮ニアリテ青龍ヲ帯ヒテ発動スレハ胎爻ナシトイヘ𪜈孕ムヿアリ男女ヲ決スルノ法六爻安静ナレハ陰ノ陽ヲ包ムヲ男トシ陽ノ陰ヲ包ムヲ女トス大過小過謙豫師比ヲ陽ヲ包ムノ卦トス頤中孚小畜履同人大有ヲ陰ヲ包ムノ卦トス又子孫爻陽卦ニ属スルヲ男トシ陰卦ニ属スルヲ女トス乾震坎艮ヲ陽卦トシ坤巽離兌ヲ陰卦トス又子孫陽爻ニ属スルヲ男トシ

陰爻ニ属スルヲ女トスモシ子孫陽卦ニ属シテ陰爻又ハ陰卦ニ属シテ陽爻ナル寸ハ卦旺相シテ爻衰弱ナレハ卦ヲ以テ断ス爻旺相シテ卦衰弱ナレハ爻ヲ以テ断ス○子孫発動スルハ老陰ヲ男トシ老陽ヲ女トスモシ両爻アリテ皆発動スレハ旺相スルモノヲ以テ断ス○子孫発動セスシテ他爻発動スレハ陰卦変シテ陽卦トナルヲ男トシ陽卦変シテ陰卦トナルヲ女トスモシ内外両卦ニ発動スルハ其旺衰強弱ニヨリテ断ス○子孫月建青龍ニ臨ミ或ハ月建青龍ヲ帯ヒテ子孫ヲ生合スルハ男子ニシテ聡明トスモシ子孫月建ニアラス日辰ニアラス又月建日辰ヨリ生スルコトナキハ女子トス○胎爻陰ニ属シ休囚シテ月日動爻ノ生合アリテ凶

神ノ刑克ナキハ女ヲ生ムトス
△子孫旺相生扶スルハ其子肥大康强トシ休囚氣ナキハ弱
小トス○子孫妻財胎爻三ツノ者月日動爻ノ生扶アリテ刑
冲克害ナケレハ産安ク子養ヒ易シモシ刑冲克害アリ或ハ
化メ死墓絶空ニ入ルハ産母災アリ生子養ヒ難シ○子孫爻
発動シ或ハ安静トイヘ𪜈日辰動爻ニ冲セラルヽハ産婦恙
ナシ○子孫発動シテ日辰胎爻ヲ冲スルハ其児已ニ生ルヽ
トス○子孫胎爻倶ニ発動セス又暗動ナキハ生ルヽヿ遅シ
冲スルノ月日ヲ待ヘシ○子孫胎爻発動スルハ生レ易シト
スト𪜈官鬼又ハ父母ノ爻ニ発動シテ合セラルヽカ又
ハ日辰ニ合セラルヽハ産ニ臨ミテ生レ難シ冲ノ日ニ至リ

テ生レ落ヘシ○子孫妻財胎爻ノ内ニ青龍ヲ帯ヒテ発動スルモノアルハ産期甚速ニシテ當日ニモ生ルヘシ○子孫墓絶ニアヒソノ上月日動爻ニ刑冲克害セラルヽハ大凶○子孫妻財墓絶ニアフハ凶トストイヘ圧モシ日辰動爻ノ生扶アルハ救フアリ○卦中ニ子孫ノ爻ナクシテ胎爻アリテ月建日辰又ハ動爻ニ刑克セラルヽハ其子亾フルトスモシ子孫アリ圧衰弱ニシテ刑克ヲ受ルモ亦同シ○子孫両爻アリテ又胎爻ニツアルハ発動セストイヘ圧孿生トスモシ子孫化シテ子孫トナリ胎爻化メ胎爻トナルハモシ退神ニ化スレハニツナカラ育セス陰陽動静ニヨリテ男女ヲ分ツ一動一静又ハ一陰一陽ハ一ハ男一ハ女トスルノ類ナリ○子

孫空亾ニアフ寸ハ忌神発動ストイヘ𪜈害ナシ（忌神ハ即父母ナリ）○子孫空亾ニアフテ官鬼白虎ヲ帯ヒテ発動スルハ半産ス○子孫空亾ニアフテ又空亾ニ化スルモ亦半産トス○子孫空亾ニアフテ冲散セラルヽモノモ亦小産トス○子孫青龍ヲ帯ヒテ空亾ニアフテ制ヲウケソノ上胎爻発動シテ日辰動爻ニ冲セラルヽハ蹜胎ストス○子孫白虎ヲ帯テ発動スルハ其胎破ルヽトス○子孫爻官鬼ニ化スルハ死胎トス

△胎爻旺相シ又生扶合助アリ官鬼父母ヲ持セス空亾ニアハサルハ其胎必成ル陽爻ニアレハ更ニ育シ易シ○胎爻父母ヲ持スルハ初胎トス○胎爻官鬼ヲ持スルハ孕婦疾アリ○胎爻官鬼ヲ持シ又ハ月日ニ刑冲セラルヽハ皆傷害アリ

トス○胎爻土ニ属シテ勾陳ヲ帯ルハ其胎アラハレテ見ヘ易シ胎爻子孫ニ合シテ青龍ヲ帯ルハ其胎カクレテ見ヘ難シ更ニ六合ニアフハ必隠ル、トス○胎爻白虎ヲ帯ヒテ沖ニアフカ又ハ発動シテ官鬼ニ化スルハ小産トス○胎爻玄武ヲ帯ルハ密夫ノ児トス○胎爻空亾ニアフハ形ヲ成サスシテ散スモシ発動スルハ胎成ルトス但変メ墓絶ニ入ルハ終ニ育セス

△妻財発動シテ子孫ニ化スルハ安産トス○妻財爻白虎ヲ帯ヒテ発動スルハ其胎破ルトス○妻財白虎ヲ帯ヒテ官鬼ニ化スルハ小産シテ其子育セス○妻財玄武ヲ帯ヒテ他爻ト合シ又ハ玄武ヲ帯ヒタル應爻ト合スルハ密通シテ孕ム

トス○妻財爻官鬼ニ化スル〻産後疾アリ
△父母発動スルハ子ニ害アリ
△官鬼白虎ヲ帯ヒテ動クハ小産シテ其子育セス○卦ニ官鬼ナク或ハアリトイヘ𪜈真空墓絶ニアフハ其婦人ノ夫已ニ死シ遺腹ノ子トス○官鬼伏藏シテ旺相シ提抜アルハ其夫遠方ニアリ留主ニ生ル〻子トス○官鬼爻子孫ニ化スルハ産前ニ病アリ○游魂ノ卦ヲ得テ官鬼空亾ニアフハ其夫外ニアリ
△兄弟発動スルハ妻財ヲ産母トスルノ占凶トス○兄弟世爻ニツクハ養生ノ手アテ食物ナトユキト〻カヌヿアリ○三合會局メ兄弟ヲナスハ産婦乳少シモシ妻財ヲ産母トス

ルノ占ニハ妻ヲ克スルヿアリ
△應爻空亾スルハ産婦ノ里方ヨリ贈物乏シ
△間爻発動シテ妻財ヲ生合スルハ穏婆ノ力ヲ得ルヿ多シ
△穏婆ヲ占フハ妻財ヲ以テ用神トス乳母ヲ占フモ亦同シ
○妻財爻子孫ニ合スルハ穏婆ハ功者トシ乳母ハ多乳トス
○卦身子孫ニ合スルモ亦同シ○子孫発動旺相シテ制伏ヲ受ケス妻財ヲ生扶スルモ亦同シ○兄弟発動スルハ穏婆乳母ニ貪ル心深シ玄武ヲ帯ルハ更ニ甚シ○官鬼発動スルハ禍アリ世身ヲ刑克セサルハ凶トイヘ𪜈猶免ルヽヿアリモシ剋害スルハ大禍アリ○子孫爻妻財又ハ卦身ニ刑冲克害セラルヽハ小児禍害ヲ受ルトス